U0056069

本書所描述的顧客、員工姓名與相關資訊，以及店家名稱，
基於保護隱私權的觀點，皆經過大幅改編與調整。

目次

走過迷失人生方向的日子，我開始做蕾絲邊應召

橘みつ

楔子

「是Yuko小姐嗎？」

不是優子、悠子或其他同音字，而是Yuko。在我腦海中所浮現的是「Yuko」的平假名文字。這是三天前晚上大概19點左右，她在預約時所用的暱稱。回想起手機藍光下所顯示的數位文字，我便直接以「Yuko」這個名字來稱呼眼前人，好讓對方明白我已經找到她了。

聽到我寒暄初次見面，今天請多多指教後，這名女子迅速抬起頭，身體則顯略僵硬。為了表現出終於見到面的安心感以及對我的歡迎之意，她努力地堆出笑臉，卻旋即露出一臉困惑的表情。撐著淡粉紅摺疊傘的手也用力緊握。約定地點為新宿ALTA前，此時下著雨，大可在商場騎樓下等待就好，但Yuko小姐卻特意站在不太能擋風遮雨的入口處。露在裙襬下的雙腿早已被小雨濺溼。我從這個嚴陣以待的態勢感受到她微妙複雜的心情——儘管赴約在此等候，卻又害怕真正見到面。

緩解對方的緊張與不安，使其敞開心扉，這就是我的工作。我露出比方才更為明顯的微笑，對Yuko小姐說道：「那我們走吧。」

東京都新宿區歌舞伎町，6月27日星期四16點。明明已快進入夏季，灰濛濛的天空卻飄了一整天如細針般的雨絲。由於斜下著雨，才剛在新宿伊勢丹洗手間換上的絲襪已徹底溼透。天公不作美再加上可能是平日傍晚的緣故吧，就連熱鬧的新宿也顯得冷冷清清。我與Yuko小姐並肩而行，但稍微領先半步的距離，好帶領她前進。我以自己的身體在這座喧鬧雜亂，卻又藏著祕密無處可宣洩的新宿街頭開路。感受著空氣的流動，不動聲色地為Yuko小姐闢出一條安全好走的路。

這份工作的奇妙之處就在於，見面當下，客人心中會產生抵抗與困惑的情緒。其實她們大可像男性那樣態度大方地從一開始便進入享樂模式。Yuko小姐的神情已透露出些許後悔，為了拂去她的不安，我主動找話題閒聊，態度盡可能顯得自然。妳常來新宿嗎？今天休假？小心腳步喔，每天都溼答答的實在很討厭耶。在說話的同時，腦中開始盤算起時間安排。今天的任務為180分鐘的賓館套餐。扣除整理服裝儀容與收拾隨身物品的最後15分鐘，真正交手的時間為165分鐘。

每當她聽到我的提問而點頭時，仔細以離子夾燙過的黑直髮便會觸碰到肩頭而上下彈動，不禁讓我產生Yuko小姐的頭髮比主人來得有活力的怪念頭。材質輕薄的白色蕾絲鉤織開襟衫包覆著她纖細的肩膀，可看見開襟衫下的花紋針織上衣。橘色的裙子材質硬挺，儘管已屆傍晚，裙子背面卻未產生任何皺痕。應該是在稍早前換過衣服吧。雨鞋也是同色系，後側甚至還裝飾著蝴蝶結。妳很會打扮呢，聽到我這麼說，她低著頭回答今天有稍微努力打扮一下，接著幾乎出於反射性地詢問：

「看起來會很怪嗎？」

「怎麼會，很好看呀，鞋子也很可愛。」

開始交談後，原本她走在我身旁時顯得僵硬蒼白、顴骨凸出的凹陷臉頰，開始慢慢地放鬆下來。她頻頻用眼角餘光瞄著我，同時也將目光投射在來來往往的路人身上，怯生生地跟我聊了起來。包括從住家來這裡必須搭乘四十分鐘的私鐵、現在與雙親還有姊姊同住、從事圖書館管理員的工作等等。

我們不著邊際地閒聊。在旁人眼裡看來應該是一對並肩而行的女性友人吧。然而實際上卻是前往愛情賓館的客人與小姐。越過馬路，往歌舞伎町二丁目前進。從大馬路不斷往巷弄內鑽，路上行人也逐漸變少。原本會混在路邊人群中駐足拉客的皮條客，今天也不見人影。也因為這樣，走起來順暢許多。路上情侶們所撐的傘，一一消失在各家賓館中。

Yuko小姐在預約時指定了面向新宿區公所大道的賓館。在即將看見賓館招牌時，她的表情開始流露出一種奇妙的迫切感，就好比因歡愉而震顫的氣息與心跳那般。籠罩在雨霧下的鬧街七彩霓虹燈光，從她宛如陶器般的小臉上貫穿而過。這裡就是最終警告與決斷的交界線。究竟是該後退，還是往前進呢？

Yuko小姐的黑眼珠顯得閃爍不定，「沒想到能跟Mitsu小姐自在地聊天，我覺得很好，就像普通朋友那樣。畢竟……」她沒再說下去，就此打住沉默不語。我在心裡幫她把話說完：我們接下來要做那檔事吧，發生性行為。

我，橘Mitsu（みつ）本名井澤英里華是專門服務女性的應召女郎。由女性對女客提供性服務或戀愛模擬體驗的這種業態，俗稱蕾絲邊應召。不過我的工作並非只是滿足客人的性需求而已。來到這裡的女性們皆帶著不同的故事片段。世間或許會將其稱為有問題或不尋常，但在我看來，這就像是還沒有被任何人閱讀過的書本那樣，正靜靜地等待誰來翻閱。陪伴她們一起解讀那些故事就是我的工作。潛藏於身體深處，甚至連自己本人都未曾察覺的心門，會隨著對話而打開。

我輕輕撫摸她細瘦的後背，展露笑容地說道：「今天能見到妳真的很開心。」接著半像是自言自語地接續道：「為什麼想嘗試蕾絲邊應召呢？」這句話背後的用意在於迫使她反思，妳真的是因為想做愛才找上我的嗎？

她緊抿著妝點成粉紅色的乾澀雙唇後，彷彿下定決心般地表示：「橘小姐，想請問一下，為何妳會從事這項工作呢？」聽得出來她很緊張卻又難掩好奇，語氣相當認真。利用蕾絲邊應召服務的客人當中，有些人會對這項工作提出疑問，也有很多人想知道除了自己以外還有哪些類型的客人。這可能也包含了想確認花錢買性服務的自己是否屬於「異常」的心情。抑或，只是純粹想問問而已——即將與我發生親密關係的妳，究竟是什麼人。

既然想知道的話，就請聽我道來吧。關於我的故事，以及成就現在的我，那些勇敢人們的故事。或許這些事不該對任何人訴說，畢竟由我說出口就會夾雜著謊言。因為實在無法將她們所經驗過的事完全轉化成言語。接下來我將分享的內容多少會有虛構、誇張、扭曲與誤解的部分。然而，過去曾有人面對過這樣的傷痛卻是不爭的事實，而我相信這項事實一定能成為某些人的救贖。正因如此，我才想與你分享這些事。為人所傷、無法相信人，即便這樣還是想與人有所接觸交流。我想這既是指我，也適用於你。

1 剛出社會3個月，就被澀谷的第一志願公司炒魷魚

必須想辦法熬過這一瞬間。四周都是人，只求撐過現在就好。

我勉勉強強伸出沉重無力、隨時都會停擺的雙手，對著明明就在眼前卻感到遙遠的鍵盤輸入字句，以便完成部門急著要的資料。用力睜開應該已經充血通紅的雙眼，仔細確認資料內容是否有誤。

我的座位在一長排辦公桌的中段，同期同事們則在與我相隔一個座位的後方，同樣忙著努力準備資料。從我的電腦看過去剛好位於左前方的女性上司，正目光如炬地觀察著新進員工的工作狀況。

奮力撐起彷彿即將化為肉泥墜入地獄的身軀，快速組合整理眼前的資料。只要忍過

這一瞬間，惡浪應該也會隨之消退。

2016年5月。應屆畢業後，我在位於澀谷道玄坂的管理顧問公司工作。針對企業提供研修課程與派遣講師是公司的主力事業。以創投型態起家的這間公司，此時正處於發展為中堅企業的階段，營收也穩定成長中。薪水不錯、風氣良好，儘管擠不進學生就職人氣企業排行榜，卻是很適合用來累積人生第一份工作經驗的職場。我想從事與人互動往來的工作，並盡可能貼近客戶的需求提供量身訂做的服務，而非制式化的提案。這份工作正好完全符合我的想法。就在一個月前，我得償所願進入這家夢寐以求的公司服務。

儘管在同期同事面前會言不由衷地表示好想回到學生時代之類的，可是能在公司這個大框架的保護下過著穩定的生活，著實讓我鬆了一口氣。每個月有固定的收入，而且還能獲得上班族這個乍見之下不怎麼光彩卻也普遍的頭銜。得以離開令人窒息的老家獨自生活也占了很大的因素。我家永遠充斥著父親的聲響，通常都是責罵母親的咆哮聲。每遇此事，母親總是害怕得縮成一團。其實就是很常見的家庭不和諧狀況。當父親的聲音漸行漸遠時，母親會立刻轉向我，不外乎情緒激動連珠炮地說出不敢對父親本人表達的反駁之詞、或是想找人說話尋求安慰，有時則是希望我能居中協調當和事佬。孩提時代，我很開心自己能夠幫上母親的忙，可是卻漸漸覺得喘不過氣，無法繼續待在母親身邊，最終轉而謀求其他容身之處。這也是很常見的狀況，不足以特意說予人知。

為了將來能獲得穩定的社會地位，學生時代我在東京都內某家有名的私立大學認真學習。只要是我想探究的事物絕對不辭辛勞地全心投入，為了深入攻讀原本想主修的性別、性向研究領域，甚至不惜轉系。進行求職準備時我也只報考幾家經過仔細調查後嚴選而出的公司，相較於陷入苦戰的同學們，我則一帆風順地進入第一志願的公司任職。

井澤妳好厲害喔、超會規劃的。

偶爾會回想起確定被錄用後，大學同學們對我說的那些話。此時，就會讓我產生彷彿觸及內心深處最底層的堅固基石般的感觸。這就是我，我做得很好，毫無不足之處，也沒有任何問題。唯一讓我擔憂的，大概只有工作時會突然席捲而來的這股睏意。

「井澤小姐～資料已經準備好了嗎——？」

前輩一臉焦急地從後方來到我的座位旁。這位是我進這家公司後的直屬前輩，態度親和、工作能力也不錯，但做事稍嫌虎頭蛇尾是美中不足之處。

「哦，好了。已經統整完畢了。」

「太好了～得救了！不好意思喔，臨時拜託妳處理。」

這點小事不算什麼的，我微笑表示。前輩則以充滿信賴的眼光回望著我。為了將這份信賴轉變為百分百的肯定，我接著道：「明天負責授課的講師是青木老師，關於資料變更的事我已經發出通知，格式則盡量維持不變。這位老師比較不好說話，所以聯絡時我說明得很仔細。」

「哇，真的幫了我大忙，謝謝妳！」可能因為解決了培訓日前的各種突發狀況，前輩的心情顯得比平常更好。他很怕青木老師，不必直接聯繫交涉應該也是讓他眉開眼笑的一大原因。坐在我後方，原本內心七上八下，很怕接到燙手山芋的的同期同事們，似乎也露出鬆了一口氣的表情。而我則是對今天也順利完成任務一事感到滿意，再度面對著電腦作業。著手處理大量湧入的電子郵件時，原本席捲全身的倦怠感與虛脫感，已在不知不覺中消失得無影無蹤。

工作這件事，取決於能將「本職以外」的事項處理至何種程度。在各種職務大框架下所發生的瑣碎失誤、情緒摩擦，以及處理糾結難解的人際關係這項最大的重擔，都會落在新人身上。若做不到默不作聲地忍耐、不著痕跡地應對，就無法被認定為優秀人才。注意到旁人尚未察覺的事項，率先處理就是勝負關鍵所在。除此之外，最重要的是判讀他人的個性與情緒，控制自身的說話方式與角色，避免踩到地雷惹人不快。在原生家庭所鍛鍊出來的這份能力，在外面的世界也發揮了長足的效果。沒問題的，我能把自己掩飾得很好，能迎合他人的要求隨時調整改變。儘管工作中的睏意讓我有點在意，但也就只有這樣而已。頂多只能算是一天中幾十分鐘的危機，而且也相安無事到現在。除此之外，我默默付出的努力被視為「女性應有的體貼」，這點也令我不服氣，但只要隱忍下來就好。

我看著掛在辦公室牆上的時鐘，已經超過17點了。手邊的工作已告一段落，甚至還救火處理了急件，就算準時下班，今天應該也不會有人有意見吧。擺脫睡魔的糾纏後，隱藏在內心的欲望開始冒出頭來。儘管仍坐在辦公桌前，卻已經想脫掉不甚舒適的上班用包鞋。屬於我個人的時間才正要展開。

夜晚從車站的洗手間揭開序幕。我將褪下的上班套裝塞進包包裡，換上絲質洋裝。雙腳套上心愛的高跟鞋，並以髮蠟仔細地整理髮型。離開前瞥了一眼映照在廁所鏡子上恢復真面目的自己，揚起嘴角微微一笑，腳步不停歇地投入都會夜生活的懷抱裡。

我選了位於新宿歌舞伎町巷弄內的夜店作為今天的「窩」。場地不大，但不拘類型的現場演奏相當吸引人，前幾天是J-POP限定日，今晚似乎是電音。我從漫無目的搖擺徘徊在這個空間的人群裡，認出某張相識的臉孔。對方也發現到我而出聲打招呼：「哦~這不是英里嗎。怎麼啦，妳今天也來這裡呀？」「最近我固定上這裡報到。阿良你今天一個人嗎？」阿良宛如蛇般滑動身體向我靠近。接著，原本在我周圍三三兩兩的人們開始不動聲色地轉移陣地。阿良全身布滿密密麻麻的刺青，臉上則穿了一堆洞。他在這一帶小有名氣，職業據說是繩師，出過好幾本寫真集，還曾讓我看過這些作品。照片中被五花大綁的女子們因疼痛而皺緊眉頭，卻又呈現出一種自我陶醉的氛圍。

他的綠色瀏海隨著搖頭的動作而晃動，「不是，今天是跟下回預定拍攝的女孩一起來的。跟妳介紹一下，她是小圭。」話才說完，不知隱身於何處，身穿搶眼紅色洋裝，留著一頭黑長髮的女子便從阿良身後露出臉來。一身雪白的肌膚，與衣服同樣鮮豔的紅唇緩緩動了起來，「妳好。」

當我也準備寒暄很高興認識妳時，阿良卻忙不迭地搶話：「小圭，妳可得小心英里喔。她白天是一臉正經模樣的上班族，晚上會完全變一個人。前幾天她從夜店開始營業待到打烊，接著又跑去家庭式餐廳喝酒等首班車發車，最後居然還嚷著『我還不想睡，再多陪我玩一會嘛。』真的是個奇女子呀。她每天晚上都會在這一帶出沒，妳可千萬別被她逮住喔。」

我笑著抗議：「喂，我們才第一次見面，你別說這些有的沒的啦！我白天也是有好好工作的。」而且實際上表現得還不錯。被稱呼為小圭的女子一反高冷形象露齒而笑，我便隨口問她：「您平常從事什麼工作呢？」小圭小姐稍微正色道：「我的職業是，人偶。」我頓時對她產生興趣。今天我想跟此人聊聊。

在夜晚的世界，不大驚小怪，也不涉入太深是最基本的態度。但這並不代表冷漠，只要謹守規則就能立刻變得親近。我很滿意這種不拖泥帶水的交流方式。打照面時透過寒暄來試探對方的反應，就像掠奪空氣般地拉近彼此的距離。情感是具有重力的，而且會在對方的反應上現形。覺得開心、親近、期待時，阻力就會降低，有點類似空氣往上衝的現象。反之，覺得不悅、猜疑、有惡意時，空氣的流動就會變得遲緩。感受到對方這樣的反應時，只要笑笑地表示我聽不太懂你在說什麼耶，隨即走開便是。可以聊天的對象多到數不清，足以不斷尋找下一位、下一位、下一位。

只要來到這條鬧街隨意泡在某家常去的店裡，必定會遇到認識的人，而且還會為我引介新朋友。遇到感興趣的對象時，我並不排斥由自己主動攀談。夜晚的東京，無論是家財萬貫的有錢人還是飛特族、普通的上班族，或是有各種隱情的人，皆眾生平等地聚集在一起。每天都充滿不同的驚奇，讓我大開眼界。

「英里，跟妳介紹一下我朋友。」「欸，我有認識一個很有趣的人耶。」每當結識新朋友時，我的腦袋就會火力全開。對話是大量資訊與反應的渦漩，會隨著我的對答方式，不斷變化色彩，碰撞出新的話題。就像隨著音樂起舞般，他人搖擺我亦隨之搖擺。對話的節奏會變得愈來愈快，我與我的外圍之間的差異也融解於無形，所有的一切都在飛快的速度中流逝。這項樂趣總是讓我無法自拔，眼睛、耳朵、肌膚，乃至全身皆徹底投入，好盡情品味這個世界。

人是毒品，令我深深著迷，沉溺其中，而且總是無比渴求。開始混夜店的時期為大學時代，擅長與人交流、好奇心旺盛，而且酒量很好的我，沒有理由不淪陷。白天認真在學校上課、勤奮打工，收工後每天就是四處玩。隔天再拖著疲累的身軀，努力課業與打工，一日復一日。

即使出社會後，每晚到處找樂子玩通宵的習性也完全沒有改變。不，是無法改變。白天工作繁忙，身為新進員工的我必須扮演眾所期待的「聰明體貼又率真的新人」角色。在公司當乖乖牌肯定不會錯，以適切的形象包裝自己更是絕對錯不了。無形的負擔與壓力、長時間工作而喀喀作響的身體，根本無法讓內在能量昇華，我需要地方排解這一切，哪還有閒情逸致休息。即便不情願但我已明白，孤獨自處只會迎來無止境的乏味未來。而且我心知肚明，自己只有乏善可陳不足為外人道的故事。因此，活在當下才是最重要的，我需要能讓自己興高采烈度過這一刻的事物。

這是在某天所發生的事。當時我參加某個夜間派對，正落坐於夜店一隅的沙發上啜飲著莫希托。會場布置了各種形狀的純白氣球，裝設在氣球與氣球之間的燈泡散發出柔和的光芒。我看向自己的雙腳，為紀念出社會上班才剛買沒多久的黑色漆皮跟鞋顯得閃亮亮。一切都很完美，無可挑剔。

「井澤小姐啊，工作還好嗎？」

「咦，為什麼這麼問呢？」

還以為此人會站著說幾句話就走，沒想到卻淺淺落坐在我身旁。在髮色如竹簾般明亮的棕色瀏海下，一雙平靜無波讀不出情緒並帶著暖意的瞳孔正覷著我。啊，這人我可能處不來。面對令我覺得駕馭不來的對象時，我會像瞬間起疙瘩般地感到戒備。印象中這個人是在化妝品之類的公司上班，之前曾在酒吧見過幾次面。可能因為彼此都喜歡類似的活動吧，偶爾會在會場來個不期而遇。記得此人大概40歲左右，名字好像是……我想起來了，應該是櫻井吧。當她湊近我身旁時，GUCCI的香水味頓時變得十分濃烈。

「妳最近一直這樣不會累嗎？平日還得上班吧？怎麼不休息一下呢？」

在最走火入魔的時期，白天工作晚上下班便直接到處玩樂，外宿小憩一下後，早上才回到住處更衣再接著去上班。現在回想起來，當時幾乎每天都過著這種無可救藥的生活。我老是渴望愉快的事物，而且總是顯得情緒高昂，甚至覺得幸福。根據我的主治醫師的說法，這似乎是「雙極性疾患的典型躁症」，但當時我根本無從得知，反而覺得充滿活力、狀態很好。

用遮瑕膏修飾暗沉的黑眼圈，藉此掩蓋睡眠不足的唯一證據。二十出頭的肌膚，絲毫不受疲勞的影響，照樣圓潤彈性有光澤。只有眼睛會露餡，立刻就會變得疲憊不堪。

「不累、不累，而且我一向表現得很好。」

我抱著氣球往後仰，心情相當好。在這個滿足一切的空間裡，哪裡會有擔憂呢。我完全忽視櫻井的小小警告。殊不知，她其實為我提供了回顧自身生活的最初契機。而且，當時我並不知道，自己已站在人生的關鍵分歧點上。

破綻就從失去意識開始現形。

工作倒是處理得很完善，可是，會在某一瞬間突然失去意識。還來不及感受到睏意之前，身體機能便彷彿急速停擺般，頓覺眼前一黑便暈了過去。只是想閉目五秒鐘，卻昏厥數十分鐘。

在我驀然驚醒時，目光與坐我對面正在打電腦的前輩職員對個正著。有被發現嗎？這可不妙，我最痛恨被別人認為尚未脫離學生心態。

平常我總是動個不停，或許真的是有點累了也說不定。我在心裡發誓要推掉所有的邀約，今天一定要早點睡。然而，就算未與他人見面，一頭鑽進家中被窩裡也遲遲無法入睡。明明很累但要強迫自己入睡，精神反而都來了。我想可能是睡眠障礙造成的，便在附近的身心診所領取安眠藥服用。服用名為佐沛眠的白色小藥錠後，身體的確一下子就會變得綿軟無力。可是身體明明被倦怠感牢牢包圍不斷深深地往下墜，腦袋卻感到刺痛。一些想法、記憶、意識在我體內快速奔馳而過。身體只有一個，可是無數的思緒卻隨著翻身大舉來襲。想像本身幾乎就是一種暴力，在我不斷翻身與腦中的想法搏鬥時，陽光已從窗簾縫隙照射進來，我拖著彷彿裝滿汙水而變得滯重的身體迎接早晨的到來。好像有哪裡不對勁。

「井澤小姐。」

我倏地驚醒。這才發現，自己又在座位上失去意識。我慌慌張張地抬起頭，前輩則俯視著我。「欸，妳是不是太累了啊？我印好下一堂課的研習資料了，放妳桌上喔。」他明顯露出鄙視的眼神。剛進公司時他明明覺得我是個可用的人才。

「真的很抱歉，謝謝你。」不行，我又搞砸了。我急忙起身，抓起資料飛也似地趕往會議室。背後則傳來了前輩們的笑聲。這下該怎麼辦、怎麼辦才好。

焦急難耐的我決定向公司的職醫求救。該醫師在公司的特約醫院服務，面對十萬火急找上門的我，態度親切地聆聽相關情況。「晚上會很亢奮睡不著覺，可是在公司卻會突然失去意識。該怎麼做才好呢？」我現在的症狀是睡眠不足與白天的睏意，還有感覺鈍化。無論在職場還是家裡，所有的一切都讓我覺得遙遠，有時甚至會認為這根本不是現實的世界。在這個黏稠混沌的時間裡，身體會突如其來地變得動彈不得。可能是因為被這個狀況逼急了，我不小心將自己在小時候也曾出現過這些症狀的事說溜嘴。在我懇求解決對策時，職醫只稍微看了我一眼，在病歷上洋洋灑灑地寫下症狀後停筆說道：

「井澤小姐，我認為妳的情況必須好好去醫院就診才行。在這裡無法告訴妳相關診斷與病名，還請前往醫院接受診療。」

她說總之請把醫院的診斷證明書帶來時的眼神，讓我莫名地難忘。一開始以職醫的身分展現親和態度時的某種特質已消失殆盡，只剩宛如超薄玻璃般的透明視線。在那當下，原本以為是安全地帶的醫務室，轉瞬成為冰冷無情的陌生之地。

＊

下一週，我人在醫院的候診室，將頭抵在病患專用的沙發後方牆面上。已是即將進入梅雨季的時期，不過白色砂漿製的牆壁仍舊冰涼，讓我這顆升溫的腦袋感到舒適。躺在包包內剛拿到手的診斷證明書掠過腦際，醫師的聲音在回憶裡再次響起。

「可是我一直以來都是這樣啊！」

「是啊，嗯，所以說這全都是精神疾病引起的。」醫師一臉對這種場面司空見慣的模樣，態度更加冷淡地公式化宣告。不接下病患所丟出的情緒，也一概不予回傳，宛如輕拂塵埃般地冷處理。銀框眼鏡下的眼睛納悶地打量著我——究竟該怎麼說，妳才會乖乖接受呢？

「會一直想往外跑、有辦法一直跟人聊天、不怎麼睡也撐得下去，不是因為個性活潑或者是身體狀況很好才會這樣。這其實是很明確的疾病症狀。而且問題不僅是睡眠而已，我認為症狀全都反映在妳的行為上。」

醫師的視線落在剛寫好的病歷表上。這些斜斜潦草難以看懂的文字所寫下的內容，真的是在說我嗎？如此客觀地被彙整成檔案，感覺就像是發生在別人身上的事。

「還有，妳說現在的這種情況，從小時候就會不定期發生，像是無法隨著軀體感覺產生實際感受，以及有時會失去現實感而覺得模糊茫然等等，這些並不是單純的想睡無力所引起的，很有可能是解離症這種疾病。實不相瞞，在妳身上也能看見雙極性障礙的病徵，就現狀而言還無法判斷確切病名。只不過，現階段……」

接下來的內容已記不太清楚。醫師所說的話在我混沌的腦袋裡不具意義地迴響著。

當所有的殘響消失後，我的手邊只剩下診斷書與處方箋。身體搖搖欲墜，腳步踉蹌不穩。得想辦法才行，必須想辦法靠自己站起來。一路跌跌撞撞後總算回到家，使喚著顫抖的雙手將診斷證明書寄給公司職醫。記載著沉重診斷內容的這封信，投入郵筒時卻輕得不像話。

昏睡了幾天後，終於回公司上班，在我處理堆積如山的電子郵件時，從後方傳來呼喚我的聲音。轉頭一看，前輩與人事部長就站在那裡。「井澤小姐，方便來一下嗎？」我立刻站起身，不敢多問地跟在兩人後頭。被請進會議室就座後，人事部長開門見山地說道：「今天找妳約談不為別的，是要請妳在一週後的六月底辦理離職。」

我幾乎失笑地回答：「這是騙人的吧？」年邁的人事部長的臉色變得更加蒼白。或許是因為他坐在顯得過於清新爛漫的淡綠色椅子上的緣故，莫名讓我覺得缺乏現實感。為了避免陷入渾渾噩噩的狀態，我急急忙忙站起身，但終究流於徒勞，人事部長彷彿否定我的小小努力般果決地搖頭。

「沒騙人，一週後，也就是六月底，公司會終止與妳的合約。」

六月底這個時間點剛好是進公司三個月後的時期，新進員工試用期滿，會從約聘人員轉任為正職員工。我想問為什麼會這樣，卻被他以沉默牽制——井澤小姐啊，妳自己心知肚明吧。人事部長不停地眨著睫毛已然稀疏的雙眼。「我認為這麼做對妳來說是最好的。而且妳進辦公室後看起來也相當虛弱。目前就是應該讓身體好好休息吧。」

血壓急速下降，皮膚表面逐漸變得冰涼，但胃部周圍卻莫名地滾燙。我在此時才頓悟到，這個人知道我生病的事。這件事我明明只跟公司職醫悄悄透露過而已。意識到身體出狀況已不堪長時間在公司工作時，我一心想要趁早妥善解決這個問題才找上公司職醫，沒想到卻是自掘墳墓。提交醫師所開立的診斷證明書成為致命的一擊。感覺到苗頭不對，先下手為強是我的慣用招，有時的確能助我逃過一劫。然而，這次卻是被反將一軍……。

後來與公司演變成勞資爭議後我才知道，職醫與人事部完全暗中串通，我所說的所有內容似乎全被呈報出去。天真地相信公司這種組織是我太蠢。感受到身體表面逐漸找回原有的溫度後，我平靜地怨恨起那位假親切聆聽我的煩惱，看起來潔淨清秀的職醫。

面對宣布開除我的人事部長，我提出最後的反抗，「那在我養病休息的這段期間，生活該怎麼辦？該如何賺取生活費？」我的聲音也跟著高八度。人事部長雙手抱胸並未做出回答。對於轉職來到這家創投公司服務，看遍各種人事問題與糾紛的他而言，這種場面應該是司空見慣了吧。他輕巧地築起漠不關心的高牆，絕不動搖半分。

完全找不到任何頭緒的沉默持續蔓延，在我決定放棄轉而起身準備開門走人的那一刻，他終於從椅子上站起來開口說道：「井澤小姐，為了不造成妳的負擔，離職手續就透過電子郵件辦理吧。」

在我回過頭的那一瞬間，彼此四目相接。這個人終於正眼看了我一眼。一言不發地離開公司後，決定先搭山手線再說，胡亂地塞上耳機，在隨意播放的音樂陪伴下四處徘迴，完全漫無目的。

*

事情怎麼會變成這樣？

被炒魷魚後，儘管一直待在東京都內的住家裡，腦中卻不斷想著這件事。從通知日起算，還有一週的緩衝時間可以上班工作，但我以發燒為由請假在家休息。早晚皆遵照醫師的指示服藥，再來就是在床上睡一整天。算一算，我已經三週都過著這樣的生活。剛離職的那幾天，同期同事與朋友還會傳訊息來關心我，現在連一則都沒有。一切顯得既無謂又愚蠢，我也不再查看手機確認。由於實在睡太久，在床上的老位置蜷縮著身體時，褥瘡所引發的疼痛瞬間襲來，讓我忍不住翻身並自言自語起來。

為什麼，為什麼會這樣？

倘若回到神奈川老家，相信母親與父親一定會這麼回答吧：生病就是很無奈啊，不如放棄正職員工這條路，隨便找個喜歡的事來做就好？那妳今後有何打算？還是先搬回來再說吧？畢竟我們可沒錢供妳一個人在外面生活……我對著腦海中的雙親提出抗議：什麼叫做喜歡的事？什麼叫做隨便找？我明明對呆板制式的人生規劃感到深惡痛絕，但其實內心沒有任何真正想做的事，足以讓我捨棄已經鋪好的路。我這才恍然大悟，自己只不過是執行著他人所要求的事項罷了。

你說，今後我該怎麼辦才好呢、別拋下我呀，我在想像的世界裡苦苦哀求，卻見到每個人皆形影模糊地逐漸遠去。「加油喔」、「妳還年輕沒問題的」、「一定很辛苦吧」只留下空泛的場面話，溫柔地揮揮手逐漸消逝。明明認識一大票人，結交一堆朋友，卻沒有任何對象能讓我開口求救這件事，也令我感到無比悽慘。後悔、悲傷、自責、憤怒、疏遠感、焦慮、然後又是無盡的後悔。各種情緒在我的內心四處形成焦點，並連結另一項情緒與記憶，描繪出歪七扭八的星座。漸漸地，感覺變遲鈍，無法再思考。

在休養期間，我發現一件事。當人生病時就會體驗到兩種時間，也就是無聊與焦躁。想到自己身為病人應該好好休息時，就會覺得時間彷彿無窮盡，忍不住思考該如何打發這些乏味的時光。可是，如果是受到某種限制的休養則又另當別論了。例如想到必須在期限內調養好身體，強烈的焦躁感就會在突然間襲來。實際上，能在這個屋子裡安穩入睡的時限已然逼近。電費與瓦斯費的催繳通知單開始在信箱內堆積。想到這個月與下個月的房租，眼前就會變得一片黑。我總是陷入這樣的矛盾與思考迴圈。我想活下去，但這個可能性卻一點一滴地消蝕中。

這一陣子我總是習慣思考有關死亡的事。我的身體告訴我即便出於惰性也想繼續活下去。然而，現實狀況卻無法允許。要活下去光靠意志是不夠的，首先要有錢，以及用來賺錢的工作。可是，我卻不具備能夠工作的健康身體。自從被解僱以來，整個人的身心狀態隨之大亂。失眠、過度睡眠、強烈的焦躁感、情緒浮躁、感覺麻木，以及感到憂鬱。即便腦袋湧現想重新來過的決意，接著就會發現自己現在根本沒有生存的本事。大學畢業這項學歷在失去健康後毫無意義，剛畢業時還意氣風發地認為是我挑公司而非公司挑我，如今卻連一個選項都不剩。在如此窮途末路的情況下，就連想活下去的這個想法本身也開始令人存疑。我真的還想活著？是為了什麼？有任何值得我堅持下去的事物嗎？被自我意識睥睨的生命力，正一步又一步地無力往後退。在這種思維下所導出的最終結論，想當然耳就是自殺。

總覺得不能再這樣睡下去，從床上起身後卻攤軟地跌坐在地板上。這才發現外面的天色已漸漸明亮起來。現在是早上幾點呢？盛夏早晨宛如透明蜂蜜般的陽光，從緊閉的窗簾縫隙輕柔地流瀉在好似時間已停止的凝滯空氣底端，讓這個房間稍微恢復一點生氣。陽光應該會在這幾小時內不斷地變明豔，而且愈發強烈吧。夜晚暫時收工的蟬群，肯定也即將再度展開活動。看來外頭的季節並未受到任何影響。正迎接著夏天的到來。

突然間，這個小套房的空氣被劃出一道裂痕。就像一滴透明的水滴掉落般泛起漣漪，讓我忍不住感到心頭一顫。我沒聽錯，玄關的門鈴正響著。似乎有人來找我。該不會是父母親吧，我想像著不太可能發生的情況而渾身戒備。

由於太久沒走動，只能拖著身體前去應門，沒想到站在門口的居然是那位櫻井。一身長褲套裝加襯衫的打扮，嘴唇塗著薄薄的唇蜜，一頭棕髮則以軟髮蠟仔細地抓出造型。原來，她在公司是這種裝扮呢，內心悄悄對她有所改觀。

「啊、呃、怎麼回事……？」

「噢，對不起喔，我有傳LINE，妳可能沒看到吧。」她露出親和力十足的笑容，輕輕地搔搔頭。我不是要問這個，而是她怎麼會知道住址——我想起來了，被公司開除後，我曾向同期同事以及朋友聯絡這件事，當時有收到櫻井的回覆，就順便告訴她住址。好像是因為她說如果我願意的話她可以來找我。本以為她只是說說而已，也就把這件事忘得一乾二淨。櫻井將白色塑膠袋舉到我面前。

「我等一下要上班，把東西交給妳之後就得離開啦。這給妳。」

袋子裡裝滿了立刻就能食用的即時食品、麵包、營養食品、運動飲料。我置身事外地暗忖，還真像是給病人吃的餐點。

謝、謝謝妳，我出聲道謝接過袋子，櫻井不知為何仍杵在玄關口。我不知道該說什麼才好，不自覺低垂著眼眸。如今的我已被迫褪下在夜總會或活動上見面時的裝飾，一身久未清洗的鬆垮垮睡衣以及不設防的赤腳，當然也沒有化妝。想不起來究竟是在幾天前洗過澡，整個人當下被羞恥感包圍。很抱歉，但妳還是快點走吧，內心一邊犯嘀咕，卻只能打著赤腳呆站在冰冷的玄關地板上。

「有好好去醫院看醫生嗎？」

「三週前去過。手邊還有藥。」

「這樣啊。」

「嗯。」

由於門開著的緣故，玄關的空氣變得有些溫暖。這裡很難接收到冷氣吹來的冷風。不太清楚究竟是暑熱還是涼爽，只覺得無地自容。在毫無防備的狀態下示人，竟是如此狼狽與不安。看到我沉默不語身體緊繃的模樣，櫻井像是決定撤退般地輕嘆了一口氣：我得走了。

「我還會再來喔。」

聽到這句話我終於抬起頭。還會？下次？那是什麼時候？對我而言，真的還有這樣的機會嗎？門隨之關上，只留下思緒混亂的我。

2　為了生存，成為銀座高級俱樂部女公關

將冰錐所鑿下的圓形冰塊輕輕放入冰鎮過的酒杯裡，徐徐注入散發著金黃光芒的威士忌。待冰塊表面均勻融化時，再以攪拌棒輕巧調和便大功告成。從吧檯內遞出調好的烈酒加冰塊，看著客人以舌尖品嚐上乘的杯中物。為了讓酒喝起來更美味，我隨時面帶微笑。

這裡是銀座六丁目的某家女孩酒吧（Girl's Bar）。這家店位於老舊住商混合大樓的九樓。貫穿整個店面的大型焦糖色木製吧檯，以及身穿白色制服的小姐們為顧客奉上嚴選單一純麥威士忌的服務型態，讓這家店成為廣受喜愛的名店。我選擇來到這家店當女侍，作為重新出發的第一步。

突然遭公司解僱後一個月，總算從終日躺在床上無所事事的生活中走出來。話雖如

此，按時服用處方藥物、盡量多睡讓身體休息的生活型態並未改變。因此，對我而言一天只有幾小時可用而已。為了培養能負擔勞動的體力，必須花時間休養，扣掉這些時間，一天平均只剩下四、五個小時。即便每天都上工，一個月能用來勞動的時間也僅有150個小時。而我必須在這個工作時數中賺足能夠獨立生活的費用。能在短時間內賺到錢，而且不要求職業經歷的工作，自然就會想到酒家業。

從傍晚開始的四個小時，我拖著彷彿裝滿混濁汙水的滯重身軀，在內心失焦的狀態下站在吧檯服務。由於客人只看得到上半身，為了避免比其他服務小姐遜色，我的妝畫得比平常還濃。在我面帶笑容、殷勤用心工作的表象下，其實無時無刻都拚命地與慘澹的情緒與深深的焦躁感搏鬥，不過在之中也有意外的收穫。當初我一心只求在待遇好又正派經營的地方工作而選上這家店，沒想到環境待起來還挺舒服的。

銀座的女孩酒吧並非夜間鬧區的「重頭戲」。大部分客人都只是順道來坐坐，真正的目的地是周邊的俱樂部，一到21點就會消失在相熟的女公關所屬的酒店裡。女孩酒吧經常被當成帶酒店小姐出場時的會面地點，或者是第一攤的去處。一開始對於在燈紅酒綠的世界工作充滿戒備，但真正進來後才發現客層素質高而且溫和淡然到令我覺得是自己多慮了。可能因為銀座的地區特性使然，客人都是熟門熟路的玩家，不會狂飲爛醉發酒瘋，爽快地小酌一番後便會離去。對女侍的態度也很和善，而且由於很多客人是帶酒店小姐出場，所以壓根沒把我們當成那種對象看待。對客人來說，這裡就是能喝酒、可以隨便與人聊兩句的地方，既沒有進一步也不會有退一步的發展。

店內的待客模式基本上是女侍與客人一對一聊天，偶爾酒保也會來湊一腳。一整晚下來所接待的客人頂多只有五、六位。由於店內裝潢以吧檯為主體的緣故，客人會面向女侍聊天，彼此的視線剛好隔著酒杯相對。儘管我的身體因睡眠不足而備感不適，一顆心稍不留神似乎就會被吸往某個深洞，但不可思議的是，每當被人注視時，我的內在就會產生一股振作的力量。這就是我，這個人看的是我。如此這般描摹出自己的輪廓時，原本因磨耗而傾軋作響的內心就能隨著對方所說的話而做出適切的反應。這個反應的精準度與充滿生氣的程度，連我自己也會感到驚訝。

某天一名男客帶著酒店小姐前來。這名女性與家人的關係似乎不太好。

「盂蘭盆節我應該也不會回老家吧，相處起來有夠累的。」看來應該是熟客的這名男性，一副了然於心的口吻勸著：「話雖這麼說，但家人畢竟是家人嘛。萬一出什麼事，能安心倚靠的也只有家人而已吧？而且當妳需要幫助時他們也會替妳想辦法，小百合的父母親算很不錯了啦。」被稱為小百合的這名女性聽到這番話後沉默不語。我立刻察覺，這個沉默的反應並非因為感到認同，而是因絕望而閉口不語。在她的眼神完全失去光芒之前，我順水推舟地說出再自然不過的意見。

「可是啊，即使是家人有時也會感到有距離耶。比方說，家人根本聽不進自己所說的話，以他們想要的方式亂解釋、或者是斷章取義。我覺得啊，像這種情況，就算是近親，也只會話不投機覺得累而已。」小百合小姐驀然抬起頭。我再次強調：「正因為是家人才會毫無顧忌地表達意見。就是因為關係太近，有時反而無法彼此理解吧。」語畢，只見她眼眶微微泛紅，一臉百感交集般地點點頭。賓果。眼角餘光掃到男客似乎有點不知所措的模樣，我對著小百合小姐展露微笑。

打工時間結束，我急忙趕往車站月台。除了因為已近末班車發車時間外，若當天工作表現得不錯時，也會讓我忍不住加快腳步。跳上滑進月台的電車，夜已深但車內卻明亮到不可思議。車廂內微微飄散著酒臭、汗水、香水、髮蠟味等各種屬於人的味道。在這個閉上雙眼也依舊嘈雜的環境中，我心裡的某個角落卻有某樣東西在發光。這份工作，或許很適合我。這是在身為中堅企業的正職員工，而且各方面條件皆比現在好的前東家工作時，完全未曾感受過的高昂情緒。不是上面交代什麼我就做什麼，而是憑藉著自身的力量一決勝負。透過對話來撫慰人心。在銀座，這樣的想法或許有機會成真。

然而，要在這座城市活下去還會面臨一個問題。那就是時薪。女孩酒吧的定位就好比尋歡作樂的前哨戰，在酒家業當中屬於時薪偏低的業種。而且時段愈晚愈沒有客人上門，請女侍早點下班的情況也所在多有。為了生活，不，為了盡量延長可以活下去的天數，必須找個高薪的工作才行。在飛快駛離銀座站月台的電車內，我暗自下定決心。

翌日立刻著手進行調查。我四處搜括免費的求職專刊，仔細地一一比較。所尋找的目標只有一個：銀座的高薪俱樂部女公關徵人資訊。既然要投身燈紅酒綠世界的工作，除了銀座這樣的一級戰區外，其餘免談。這是因為無論時薪、待遇還是客層，銀座在各方面皆勝出的緣故。六本木也有幾家高級俱樂部，但官網所刊登的小姐照片大多走浮誇豔麗路線，感覺與自己的調性不合，因此不列入考慮。

瀏覽徵人資訊時除了必須確認薪資之外，像是待遇或業績、店家主打的特色或格調也很重要，再來就是規模與員工人數，以及所徵求的類型。儘管一樣都在銀座，客層似乎會隨著店家的經營年數與型態而有所不同，旗下小姐的年齡與類型亦有所差異。有些店要求小姐必須會唱歌，有些店的上班服裝則必須全部自備。排除條件欠佳的地方後，我將焦點鎖定在徵人門檻標準不至於過高，而且盡可能是有名而且老字號的店家，逐一進行篩選。實際上最後真正獲得面試機會的只有一家。而這就是日後我所服務的綠寶石俱樂部。

我誠實告知負責面試的總經理，自己沒有業界相關經驗，但能喝酒也健談，大學時代認真學習，理解能力頗強，請讓我在這裡工作吧，我低頭懇求。面試的結果，可能是因為肯定我的身家來歷清白，也可能是看在我拚命拜託的分上，而被僱用為助理女公關。我在綠寶石俱樂部的花名為葵。取了新名字，一切重新出發。

綠寶石俱樂部坐落於銀座八丁目。銀座八丁目在這一帶屬於頂級名店林立的地段，在這當中綠寶石俱樂部可是營業超過四十年的老字號店家。許多業界大老以及藝人都是這家店的座上賓，踏入那扇黑色門扉後，就會在各個角落瞧見曾在哪裡見過，卻又絲毫無法產生親近感的臉孔。這家店與東日本和西日本的花柳界也有很深的交情，退隱的藝妓來東京遊玩時，就會帶著宛如娃娃般的舞妓前來見見世面。

第一天出勤時，雖然已在心裡做好要在頂級名店上班的準備，實際置身現場後，內心卻忍不住因為各種新奇事物而感到雀躍。店內總是洋溢著彷彿開香檳時的那種絢爛又奢華的氣氛，令我也跟著感到愉悅。可是千萬不能露出驚訝的神情，就算是名人或富可敵國的資產家上門，也要展現出從容歡迎的姿態，乃此俱樂部的風格。因此我也比照這樣的態度，神情自若地在助理區等待。當我趁著上陣前確認手邊的廉價打火機點不點得著時，身穿黑衣的帶檯經理半蹲在我腳邊。這家店的帶檯經理不光是動作而已，不知為何就連做表情的方式也莫名地充滿張力很有戲。形似黑鈕釦的眼瞳閃閃發亮，再配上彷彿刻意擠出皺紋般的笑臉。

「葵小姐，請前往三號桌。」

我宛如彈跳般地從重心很低的等待區沙發上站起身，將穿著細跟高跟鞋的雙腳移至厚重的地毯上。為了不讓步伐搖擺不定，我小心翼翼地踏穩腳步，隨後看見在店內右後區有個正在招手的人影。

「嗯……忘記妳叫什麼名字了，來這裡坐。」

今天找我坐檯的是在肉品業界無人不知、無人不曉的加藤食品創辦人。剛剛帶檯經理在我耳邊悄聲提醒這位大老闆是長年以來的頂級顧客。他打開細條紋雙排扣西裝外套的扣子，背對著牆壁而坐。絲質襯衫之上則是一張身經百戰精明幹練的臉龐。這套西裝無論是手肘還是肩膀部分皆沒有多餘的曲線，彷彿就只是為了加藤而存在般。袖口上特製的金袖扣則散發出冷冽的光芒。渾身行頭皆砸下重金打造，卻不顯得炫富，應該是因為將巧思運用在細節而非大面積呈現的緣故吧。這麼說來我倒想起，大學畢業選購套裝時，店員小姐建議我量身訂做，因為每個人的體態不同，線條稍微垮掉就會影響穿起來的筆挺度，予人的印象也會截然不同。當時我只當成行銷話術聽聽而已，但或許真的所言不假。

加藤身旁則有他固定指名的真那小姐秀氣地卡位，這家店的媽媽桑——玲華媽媽則淺坐在小小桌子對面的矮凳上，抬頭望著我。玲華媽媽是負責這家店的第二代大媽媽，以前是紅牌女公關，從受僱的身分一路爬升到現在的地位。真正見過面後我才發現，她並非長得特別漂亮，可是幹練有型、落落大方，不但見多識廣而且美術造詣深厚，各種話題都能侃侃而談，進而再帶出更多的話題乃其強項。跟玲華媽媽聊天時，任何人都會覺得自己彷彿也成了有模有樣的文化人。就像精緻高質感的坐具那樣，一落坐就會覺得情緒高昂而且舒適自在。另一方面，她對禮儀規矩的要求相當嚴格，只要小姐有任何失態，就會在後台氣呼呼地晃動身軀嚴厲發出訓斥。我小小地深呼吸，告訴自己今天絕對不能搞砸。

「嗯，這位是新來的吧。」

「是最近剛加入的新人。」真那小姐恬靜地回答。銀座女公關身上的服飾能讓人一眼辨識其等級。資深的女公關會穿上要價不斐的和服，今天無論是真那小姐還是玲華媽媽皆應景地穿上秋季袷款雙層和服。黑色配深紫的色調並不算花俏，但下擺繡著花朵圖案的絹布所散發的光芒相當有質感，整塊布料皆蘊含著凜然之美。綁在曼妙胴體上的腰帶配飾則是由職人打造的獨一無二設計商品。配合和服扮相所盤起的黑髮晚宴髮型，收整得乾淨俐落不見一絲凌亂。我看向自己身上的晚禮服。從俱樂部出借品中所挑出的這套桃紅色緊身晚禮服，儘管看起來一點都不廉價，卻相形見絀。

「我是葵。最近才剛加入。」

「妳好年輕喔，還是學生？」

「不是，有工作過一陣子，但辭職了。現在則在這裡學習與服務。」

面帶笑容，盡量雲淡風輕地從容回答。在酒家業中不乏來歷複雜，或是有某些隱情的人，但開誠布公不隱瞞乃這個業界的行規。而且重點在於不要讓自己聽起來太悲慘。這是我後來悟出的道理，畢竟這是一種透過模擬戀愛關係來取悅客人的行業，因此身為提供服務的一方，最好不要有太多祕密與謊言。這聽起來或許令人感到意外，但在謊言包裝的世界裡，任何話語都會令人感到存疑。

「這樣啊，那妳是哪裡人？東京？大學讀哪一間？」

我的心跳頓時漏了一拍，晚禮服下的橫膈膜倏地上升。玲華媽媽輕柔地轉過頭來，刻不容緩卻又自然地強行攔截話題。「我說老師呀，先別管這些，您認為這女孩如何呢？她好像是初入行耶。您覺得她有辦法做下去嗎？」語畢，端正姣好的雪白臉龐與精明幹臉的黝黑臉龐，總計三張臉孔同時向我靠近，認真地端詳起來。能成為管理店鋪的媽媽桑，自然擁有強行轉移話題的能耐。我的鎖骨仍維持著緊繃聳立的狀態，皮膚彷彿被噴霧器噴到般冒出薄薄的一層汗。

「嗯，屬於清純型，口條清晰、說話得體，而且也能喝，女公關有好酒量是再好不過的。」

「可是像志保那樣喝到不省人事可不行呀，對了，您可有聽說？她前陣子又在琉璃的店內倒頭大睡耶。」真那小姐不著痕跡地將話鋒一轉。

「又來了，她真的很不像話耶。」

「唉喲，還以為志保是您的心頭好呢。」

多虧加藤與真那小姐一搭一唱，話題焦點轉移至別家似乎很有人氣的女公關身上。看來我已錯失可利用新人身分炒熱話題的良機。察覺到自己無法跟上大家的聊天內容，我悄悄地嘆了口氣，以手撫平晚禮服胸前所起的皺痕，按捺住想緊緊抓住胸口的衝動。

我一直以為自己並非具有歧視心態的人。大學時主修性別、性取向研究，所以我對各種基於性別、職業或身分所展現的態度差異與錯誤認知，是比他人還要敏感的，甚至可說憎惡這樣的歧視。大學所用的教科書，以人類的歷史為基礎，分析探討社會共識和誤解是如何產生、現今的常識與制度又是如何被設計出來的。我想，修這堂課的學生們應該都抱持著類似的想法吧。自己能察覺到肉眼看不見的歧視，敢挺身而出代為發聲。我們能夠指出世間的錯誤認知，是正義的化身。但實際再深入剖析下去才會發現，自己不也是半斤八兩嗎？我對燈紅酒綠的世界，以及酒家業抱持著蔑視的心態。正因如此，必須將真實的自我攤在陽光下時才會覺得丟臉難為情。現在的自己與過去的自己交錯，令我想逃之夭夭。我不斷淺淺地呼吸，為了掩飾在眼眶內薄薄泛起的水光，抬頭做出笑臉。拜託，請讓我看起來只是喝茫了那樣，讓我的眼睛看起來不是噙著淚水，而是反射著奢華水晶燈光而熠熠生輝。

一回神聽見布料摩擦的聲響，這才發現黑衣帶檯經理已滿臉堆笑地蹲在我身旁。

「葵小姐，請向客人打個招呼然後前往五號桌。」我彷彿使出吃奶的力氣般站了起來。

不知從何時開始，女公關似乎被稱為夜蝴蝶，但我認為用魚來比喻或許會比蝴蝶貼切。整個店面樓層就像巨大的水槽，各個包廂內有客人與被指名的小姐，每個隔間皆代表不同的空間。在無法共存的水域內活動的水生生物們，以椅子和桌子來劃分棲息地。每換個地方坐檯，就必需面對水深、水質與水流皆大相逕庭的世界。即便是同一位客人，也會因為當日陪酒小姐人選與狀況，而呈現出不一樣的氛圍。

我換掉熄了一支菸的菸灰缸、調整擦手巾的形狀、擦拭酒杯表面的水滴整理著桌面，同時迅速地分析這個場面與狀況。我尚未擁有固定捧場的熟客，是以助理的身分陪伴坐檯，只能加入客人與正牌女公關的互動與對話中尋求表現。介入時必須做得自然而然，並扮演好當下最適切的角色。有時必須衝鋒陷陣，有時則只是個擺飾，有時扮丑角，有時當砲灰。某些情況下只需笑臉迎人即可，有些情況則是自己不積極打開話匣子的話，場面就會變得很尷尬。助理只是一個籠統的稱謂，究竟是被用來湊人頭，還是能成為對正牌女公關而言真正的「幫手」，全都取決於自身的一言一行。

尚未擁有固定客人的女公關除非被指名坐檯，否則只能坐在等待區，看著其他小姐們與客人談笑風生的情景。如果這段時間有支薪的話倒還好，但只能乾等的女公關通常會被早早打發下班。因此，能被叫進包廂當助理，以及被包廂內的正牌女公關所重用是比什麼都重要。若被她們認為此人根本派不上用場時，除非有團客來訪，不然根本進不了包廂。助理也是有分順序排名的。實際上，剛入行沒多久的我，已經看過好幾位只因不夠機靈與體貼就被敬而遠之的前輩。

我的工作就是不假思索地認同並配合客人心目中的正義、理想、善與惡，以及「女人該有的樣子」。最近男人的草食化現象愈來愈嚴重，實在不行啊。就是啊。在我們那個時代工作比什麼都要緊呀。那是當然。我們是被挑選而出的理想女性代表者，是明事理的可人兒。能看出我們的價值、給予評價的客人，不消說肯定都是優秀之人。被小姐們簇擁捧在手掌心的客人們，坐在豪華座椅上一臉滿足地放鬆享受這段時光。尤其是這家店的顧客幾乎都是在公司擔任要職的大人物或董事、董事長階級，從平時便習慣受到這種「熱情款待」。他們對自身的失禮言行很遲鈍，但意見被否定時會很敏感；尤其是對女性，只要稍有一點看不順眼的地方，就會立刻表現出不悅。若在水面下察覺到不愉快這條大魚的氣息，務必眼明手快地加以安撫，同聲附和。無論有多不合情理，也必須低姿態表明是自己不好。特別是輩分愈低的女公關，愈容易撿到這種燙手山芋。為了在這裡混下去，也只能接受。話說回來，這種情況跟我還是上班族的時候並沒有太大的不同。明明已經失去上班族這個安穩的地位與立場，結果還是得以同樣的手法賺錢，想來真是諷刺。

幸好，我在這裡也能發揮所長。在原生家庭所鍛鍊出的「能力」依然健在。過往與突然發怒咆哮逞威風的父親過招的經驗，讓我有辦法應付想靠著怒氣逼人就範的客人；我與母親相處的記憶，基本上是她為了消除自身的不愉快或擔憂情緒而找我訴苦，而這在面對纏人或失意的客人時便能派上用場。再加上父母親對我這個人本身完全不感興趣，所以遇到老愛自吹自擂的客人時，也能感到怡然自得。

被玲華媽媽的熟客帶來，一看就知道是高級俱樂部生手的年輕男客，隱約被周圍的氣勢所壓倒，一口氣喝光一大杯冰涼的啤酒。

「挺羨慕妳們的耶，長得漂亮又在這麼厲害的地方工作，只要坐著喝喝酒就好。」

我的嘴角往兩旁伸展開來，彷彿展示棗紅色唇彩般地對他微笑。

早上。似醒非醒、似睡非睡地賴了一下床後起身淋浴，仔細洗去香菸與造型用品的味道。就在頭髮重回乾淨清爽的狀態時，玄關的門鈴響起。開門後發現櫻井就站在門外。她將白色塑膠袋提到我眼前說道：「我買了早餐來喔。」

我接過袋子，將早餐攤在房間內的矮桌上。柴魚片起司飯糰、雙層雞蛋三明治、牛奶、咖啡歐蕾布丁、薄荷氣泡水。我總是透過櫻井的採買得知超商的新商品。出乎意外的是，在那之後櫻井真的來找過我幾次。她會在上班前一個小時，像這樣順道來我家，一起吃個早餐之後便離開。

「哇，這個根本是起司飯糰，完全把柴魚片蓋過去了耶。」她身穿套裝盤起腿，將飯糰海苔弄得啪滋啪滋響地抱怨著。

「妳還有去醫院嗎？」

「有啊，基本上每兩週去一次。」

除了處方藥之外，也開始接受醫師的心理治療。所以現在的我，正面對著以往不願正視的自身故事。或許該說，無論如何逃避，不得不直視自身狀況的時刻終究會透過某種形式降臨。

「是喔。那工作如何？」

「很累啊，但還撐得下去。」

櫻井知道我改當女公關的事。

「會被灌很多酒嗎？」

「不會被強迫喝酒啦。只是必須意思意思陪著喝一下。再說喝酒對我來說不成問題。現在待的這家店沒有任何強人所難的情況，對小姐的態度也很好。銀座的高級俱樂部是不容許客人放肆的。」

「嗯——。」

我莫名地想為這一切辯解。這是為什麼呢？或許我想藉由這樣將那裡的事物正當化也說不定。人在店內時總會湧現想抱怨一兩句的情緒，卻又不想向他人透露，因為不願讓人看見自己沒用又脆弱的部分。

櫻井仔細地將掉在地板的海苔屑集中起來並用面紙包起，丟進房間角落的垃圾桶後，維持背對著我的姿勢問道：

「這樣，感覺應該能順利做下去？」

「我想繼續做下去，暫時就先這樣。」

打開三明治的包裝袋，將黃得很假的黏稠蛋黃餡送進口中。我不能輸。儘管是為了討生活而必須工作，但大前提是我不想在接待客人的這份工作上失敗。我知道對方想要什麼，也明白自己該做什麼。我能找出隱藏於話語或行動背後的事物。正因為第一份工作搞砸了，所以更想扳回一城。

不過，要討好客人還真不容易，我忍不住稍微吐了苦水，櫻井聞言皺著臉。

「英里，這樣妳真的沒問題嗎？如果升格扶正，負擔不是會變更重？」

我提出反駁：「出場之類的業績要求會變多沒錯，但有固定的客人後，應該會更輕鬆一點。」我接著補充：

「因為會培養出革命情感。」

「革命情感？」

這是在我已經比較適應後所目睹的情景，某天我坐第一檯時所發生的事。當時包廂裡這名長年以來的常客，與坐檯的正牌女公關相識已久，似乎是這位姊姊從上一家俱樂部挖過來的客人。在銀座要擁有固定的客人，基本上必須從別家店搶人，要從新客人之中找到固定指名自己的客人實屬不易。有本錢在銀座玩樂的客層相當有限，要讓他們打從一開始就成為常客的難度太高，而交情要好到即便換了東家也願意上門捧場的程度，需要時間與努力的累積。儘管得來不易，一旦成為固定客人，彼此的關係甚至就會像朋友那樣。

當天由我擔任助手的那位正牌公關姊姊個性有點大而化之，有時會直言不諱地表達自己的意見。像我這樣的新人若說出那些話肯定會被罵，她卻說得輕鬆自在。不能這樣啦、那個很無聊、這樣做不是比較好嗎？真實意見接二連三地脫口而出，我在一旁聽著都覺得替她感到緊張。即便如此，上了年紀的熟客卻一臉開心地笑瞇瞇聽著。甚至令人覺得他似乎很樂於聽到這些真心話與毒舌言論。我一直以為採低姿態、佯裝成對方的理想類型乃理所當然的做法，他們之間的互動簡直令我難以置信。每當兩人彼此對視時，可以看到他們的眼中確實含有關愛與革命情感。沒有膽怯、不安與虛假不實，只有身而為人的韌性與信賴。這是跨越頭銜、職種、上下關係的情誼，而且穩若磐石。

我也想被別人需要。在我心中似乎找到了某個關鍵的定位。不是角色或記號，也不是上班族、女公關或女性這些身分，而是跳出框架，不再只是扮演滿足對方單純要求的聽話對象，而是被別人需要，而且無人可以取代。只要在這裡努力表現，或許有朝一日我也能成為這樣的存在。在這之前，無論如何都必須扮演好自己應盡的角色，並逐漸展現屬於自己的特色。相信總有一天願意提拔我的人一定會出現。不，是必須培養這樣的對象。我撫平因期待而感到雀躍的情緒，比平時更加充滿熱忱地附和著兩人的對話。

意氣風發立志繼續以女公關身分打拚的我，前途卻開始烏雲罩頂。始作俑者不是別人，正是我所欣賞的女公關之一，也是這間店的副媽媽桑，亞矢小姐。

*

「啊~~有夠火大的，妳也應該要好好說出來，叫他不要這樣。」麻友小姐左右擺動著繡滿亮片的晚禮服來到吧檯區。酒保所在的吧檯周邊，是僅次於休息室的絕佳談話地點。年紀很輕的助理公關還跟在麻友小姐身邊，似乎正忙著道歉。正路過此處前往下一個包廂的玲華媽媽輕聲提醒：「麻友，這種事小聲說就可以了。」麻友小姐卻氣憤難平，「可是，橫川先生居然摸我屁股耶。」

坐在等待區的我，聽著背後所傳來的這些對話，忍不住身體一僵。麻友小姐又接續說道：

「每次去亞矢姐的檯都沒好氣，就算我說別這樣，對方一定還是會伸出鹹豬手。」玲華媽媽並不幫腔，只說「應該是今天喝多了吧，等等我再跟他提醒一下。」

成為箭靶的是這家店的第二把交椅，亞矢小姐的客人。亞矢小姐是早我好幾個月加入這家店的前輩，原本似乎是以六本木為據點的女公關，一晚動輒賺進數十萬，聽說這家店特別將她挖角過來，並以副媽媽桑的身分禮遇厚待。我已數次在她坐檯時擔任助理。從角落處的助理席所瞧見的伊人風采，至今依舊鮮明強烈。大大的眼睛，再加上透過放大片增色宛如溼潤小石般的黑眼瞳。纖長秀氣的脖子與包裹在和服下的細緻鎖骨，雪白到幾近透明。整體看來嬌小玲瓏、嬌豔欲滴。這樣的條件難怪會讓男人神魂顛倒。楚楚動人到令人想小心翼翼地捧在手掌心，裝進籠子帶回家，一刻都捨不得別開目光。唯一洩漏其年紀的是嘴角那一條淺淺的細紋，不過並不明顯。與深灰色和服顯得有些不太相襯的亮褐髮色與亮粉色口紅，仍稍微帶有六本木色彩。她經常帶團客來，可能大多是從六本木挖過來的吧，客人的穿著打扮也跟這座城市大不相同。綠寶石的客人幾乎都是穿著看起來很高級的西裝，亞矢小姐的這群客人則經常以T恤、POLO衫、牛仔褲的裝扮示人。

酒家業的客層會根據店面的地點而出現明顯的差異。新宿或池袋等地區主要以消費價格較低的酒店與女孩酒吧為主，客人大多是一般企業上班族，而且幾乎都是來過一次就轉換陣地，以年輕一輩的員工為大宗。六本木則是創業者或新興企業的董事居多，換言之年紀輕輕就事業有成的客人占多數。這與銀座的客人，也就是老字號企業的董事長或知名企業的大老們又不相同。六本木的客人具有獨特的氣勢與狂放作風，像是大聲喧嘩、腳踩在椅子上，自行炒熱氣氛而非與女公關談話交流等等。六本木的客人開始往這裡跑後，小姐們的休息室也變得流言蜚語滿天飛——遇到亞矢姐的客人，最好小心點。

會在銀座這種馳名古今的花花世界遊玩的客人，彼此大多是老相識，有相當強固的橫向關係。外來者原本就顯得醒目，這群人年紀較輕又人來瘋的喧鬧，在這家店內分外顯得格格不入。雖然沒有人會直接糾正他們，但常客只要在店內瞥見他們的身影，就會微皺起眉頭表示「最近一些奇怪的傢伙也開始往這家店跑呢。」而不肯與他們打照面。周遭的冷漠氣氛與冷眼相待的態度，或許已經明顯到讓這群旁若無人的六本木小組有所察覺。他們雖不至於明目張膽地找碴，但在店內喧鬧的程度反而更勝以往。

「結城～快把香檳拿來呀。」

橫川先生大聲嚷嚷。身穿黑衣的資深帶檯經理們十萬火急地向附近的店家調度相關酒款。他們所點的那款酒似乎是店內沒提供的特殊商品，連黑衣帶檯經理與吧檯酒保都罕見地慌張起來。橫川先生是亞矢姐所帶來的客人當中的大戶，有傳聞指出他是新竄起的IT公司董事長。「再不快點拿來，就要灌你酒喔～」

單膝跪地的黑衣帶檯經理畢恭畢敬地將香檳遞給他們。

「讓您久等了，實在很抱歉。這是我們臨時去跟附近的酒店調來的。」

「真的有夠慢～得罰你喝一杯才行。」

橫川先生粗魯地往酒杯裡倒酒。

「不想喝我的酒嗎，結城啊～」

「不不，沒有的事。謝謝橫川先生的酒，我敬您。」黑衣帶檯經理眉頭深鎖，彷彿拚酒般一口氣喝完。

「喲喔～很能喝嘛～」

「橫川先生的酒就是與眾不同。」黑衣帶檯經理也就是結城笑道。被找來當助理的我，感受到他在笑臉背後的恐懼與盛怒情緒，整個人僵在原地，接著被強迫坐在橫川先生身旁。「噢，來了來了。這美眉挺不賴的啊。妳好啊～」他將我全身上下打量一番後，手臂理直氣壯地靠過來攬著我的腰。流露出男性將某物收為己有時特有的，自信。為了扭轉情勢，我隨即寒暄，「我叫葵，請多多指教，」話還沒說完，他就一副沒興趣聽似地輕拍著我的肩膀。

「直樹，這美眉幾分？」

被稱為直樹的年輕跟班之一露出困惑的神情。「啊，嗯，我個人比較喜歡高冷型的說。」

「耍什麼白癡，給我好好打分數。」他的目光在我臉上打量，不是在觀察長相，而是更表面的某種「物質」。「嗯～45分！」「噗～橫川先生好嚴格喔～」「果然好眼力！」「外貌協會齁～」「確實比不上你女朋友啦～」看來他們似乎有一套自己的「女性玩法」。他們不會有真心的談話，只是藉由這種場面加深彼此的連結，以此取樂，並祭出展現支配欲的遊戲。不讓女性有發言權，以打分數的方式加以否定。他們唾棄不肯乖乖就範的小姐，並濫用客人的權力使其退席。這是他們一向的做法，但似乎又隱含著對這家店的男性顧客所抱持的惡意。橫川先生很愛批評坐檯小姐，嘴上不饒人，雙手也沒忘了亂摸晚禮服下的肌膚。他像看慣了獵物般，明目張膽地露出色瞇瞇的眼神。

為了找人求救，我看向其他小姐，但每個人都害怕將事情鬧大而不敢出聲。平常總會輕柔從中化解，或巧妙改變話題的資深姊姊們，皆置身事外地採取沉默的態度。玲華媽媽一如往常地外出參與活動，今天不在店內。我心想這也太荒謬了吧，轉而看向應該負起管理職責的亞矢姐，但她卻仰頭喝著酒，視線固定在半空中。無論是性騷擾還是蠻行，皆入不了她的眼。一旦出手搭救同伴或後輩，就會自貶身價，無法再以「識大體的女人」形象自居。我終於明白，我們只不過是供品、牲禮罷了。女公關的高薪並非建立在真心誠意的對話或陪酒服務上，更不是光靠讓客人產生些許遐想或美夢而成立的。有時必須豁出去，化身為無條件滿足顧客期望的祭品，將這些暴力通通隱忍下來。這份高薪其實也是出賣自身意志的代價。

橫川先生三天兩頭就來店裡報到。不，不只是橫川先生，亞矢姐帶來的客人幾乎都一個樣。對自己充滿自信，而且白手起家事業有成的男性們相當團結。他們擁有一切，同時卻又莫名地飢渴。CP值、規格、好處是他們經常掛在嘴邊的詞彙。那東西有意義嗎？能得到什麼？這項投資物超所值嗎？對我來說是不是沒半點好處啊？莫名其妙，我只想知道能賺多少。在他們的世界裡，溝通交流是毫無必要的。他們只在乎自身這個容器能被填滿多少。僅限擁有相同價值觀而且能勾結在一起的男性才會被視為夥伴，其他的不是滿足欲望的工具，不然就是工具以下。無論是公關小姐還是他們所帶來的女性友人，當然都不會被視為自己人。「莉子，我說妳呀，沒男人緣就算了，還很不會看人耶。品味有夠糟的。」

某天橫川先生帶了似乎是在六本木的酒店所結識的女公關前來。莉子小姐一頭金髮身穿迷你裙，走辣妹路線，是那種對自己沒自信而離不開男人的典型代表。即便被橫川先生一行人嗤之以鼻，仍舊不在意地傻笑，「好像真的是這樣耶～」沒有可以辯駁的機會，只能不自覺地依附在貶低自身價值的言語中。我覺得很痛心。

「對自己沒自信的時候，這樣的對象是不是比較容易令妳感到安心呢？」一回神才發現自己插話表達意見。原本眼神飄移不定看著周圍的莉子小姐聞言停下動作。「會誇獎我，或認真對待我的人，反而會讓我感到不安、覺得可怕。這種感受其實跟挑男人的品味無關，而是跟自我評價有關。當自己受傷到不願認同自己時，或許就會選擇這種可以讓我感到輕鬆的對象吧。」原本散漫的氣氛霎時凝重起來。莉子小姐豐厚的嘴唇微微張開準備再說下去時，卻被橫川先生搶白。

「莉子，妳幹嘛認真啊？拜託，這傢伙可是女公關耶？想也知道只會說一些好聽話哄客人啊，妳是白癡嗎？」橫川先生將充滿酒味的身體轉向我，手背伸到我的肩膀處，啪啪啪地拍打著我的手臂。就像肉舖處理已不新鮮的肉塊那般。

「這群女人，根本什麼都不懂，只是堆滿笑臉聽著客人所說的話，巴結拍馬屁而已。」他看向店內的其他客人與小姐們，眼睛正訴說著：我無懈可擊。我是成功人士。我應該被愛。我是對的。我很寂寞，想要更多更多的報酬來嘉勉我的努力。不要拒絕我、不理我。我、我、我。無法訴諸言語的寂寞化為「消費欲望」對準他人，高壓的態度令人不願靠近。所以他們只能成群結黨地廝混在一起，然後逐漸自斷經脈。

任何字句、任何對話聽在他們耳裡皆不具備說話者想表達的意圖，只會隨著他們的意思被扭曲、誤解、斷章取義，而變得面目全非、張冠李戴。很多男性也會在無意識間表現出這樣的言行，而且對象並不限於從事酒家業的女性。這在社會上是再自然不過的現象。可是在我夢想活出自己的人生後，要接受這樣的現實反而更加感到艱辛。因為我已明白，言語這種東西在本質上就是想傳達給某人知曉的。這裡所需要的不是我，而是作為他們喜愛與慾望對象的「女性」而已。

明明想筆直地好好走下去，卻老是被帶往不同的路。被要求扮演的角色也一點一滴起了變化。言語本身漸漸失去意義，甚至無法再輕易說出口，就連哪一句是真心話，連我自己都搞不清楚。

唯一的辦法就是辭掉女公關這份工作。這是我絞盡腦汁反覆思考一週後所做出的結論。老字號的一流名店也不過爾爾的話，去其他家應該也不會好到哪去吧。但辭職走人後也無處可去，只能做牛做馬地身兼好幾份低時薪的打工差事，接下來等著我的只有活得很辛苦的每一天。光是想到幾天後的光景，就令我覺得喘不過氣。

「勞資爭議嗎？」

將時間點稍微往前推，這是我在等待坐檯時與資深女公關清香姐閒聊時的事。我輕描淡寫地跟最近才剛加入的清香姐聊到自己在這家店工作前的來龍去脈，她聽完後大感憤慨。「就是說啊，小葵，以生病為理由一週後就開除妳，實在太奇怪。妳應該提出勞資爭議，向公司表達異議。」

「可是以我現在的身體狀態也回不了公司上班。」

「不是為了重回公司才提出勞資爭議，而是透過律師控訴不當解僱的事實，取回原本妳應該享有的權益。」

勞資爭議指的是資方與勞方在僱用條件方面有所爭執。藉由將問題表面化，來讓雙方找出妥協點。我後來才得知，在僱用條件方面，以生病為由解僱員工，以及在一週前進行通知似乎是違法行為。仔細想想，公司也有很多過失，但我卻沒想到應該針對這些情況究責。畢竟每天光是眼前事就已經自顧不暇了。

清香姐語氣平緩地對著呆若木雞的我曉以大義，「聽我說，錄用員工這件事，其實責任非常重大。怎麼可以因為員工生病就在一星期後將人掃地出門。」「可是……」「好啦，我知道，妳沒錢對吧。我幫妳介紹好律師，雖然沒辦法免費，至少便宜很多。賠償金的一小部分會被充當律師費，不過妳手邊能留下一筆錢。」清香姐以纖細雙手用力搖著我的肩膀，「振作起來。不能一面倒挨打。絕對不能原諒自己的人生就這樣被破壞。」我驚訝地看著清香姐義憤填膺的模樣，頓時眼眶溼潤模糊了視線。我強忍著淚水，掙扎地點點頭。

這件事的後續結果為，清香姐所介紹的律師以仲裁人身分，針對公司提出勞資爭議。公司方面可能也沒料到我居然會請律師來處理，為避免打官司而在數個月後選擇和解。這段期間的所有過程皆由律師出面打點，我只要負責陳述事實即可。最後大約有一百萬圓的賠償金回到我手裡。

一切塵埃落定後，我立刻去找清香姐致謝。這份恩情我一輩子都不會忘，說完這句話後我低頭致意，清香姐靜默了片刻後，只對我說好好保重身體。在這之後，我便辭去綠寶石的工作，與她也失去聯絡。這件事至今仍多少令我感到遺憾。清香姐為何會對只是偶然身處同一個職場的我如此關照有加，我也不得而知。然而，她的善意的確成為我內心的一大支柱，讓我覺得似乎是在對我說：妳要繼續往前走。

從紙醉金迷的世界落入凡間的我，開始身兼好幾個打工，重回每個月收支勉強打平的生活。活動工作人員、百貨公司售貨員、飯店人員，不停歇地勞動只為了活過今天。每天像這樣身心磨耗地活下去或許也是無可奈何的事。就在這樣的狀態下，手機畫面的另一端為我指出一條路。

「『28歲情緒敏感人（無性經驗），女女相親相愛之應召體驗記』……」

2017年2月。我在池袋西武百貨地下街的蛋糕店兼差。從大學時代就不定期在這家店打工，辭去女公關工作後便拜託這家店收留我。白天的工作簡單明瞭，大多是固定作業，但就是有點冷。休息時間為了讓長時間站著而水腫的雙腳休息一下，我便坐在微暗的員工專用區折疊椅上滑手機。目的不在於收集資訊，只是想刺激一下不斷看著單調事物的眼睛。瀏覽著推特的動態消息時，一則貼文吸引住我的目光。那是某位女性將自己叫蕾絲邊應召的感想畫成漫畫的貼文。以原子筆描繪而成的漫畫，憑藉著扎實的畫功與洞悉自我心理的描寫力，令人愈看愈入迷。漫畫的發表日期為2015年，而且已經出書上市。這本《我可以被擁抱嗎？因為太過寂寞而叫了蕾絲邊應召》在飽受人際關係所苦的讀者之間，似乎是很有名的一本書。蕾絲邊應召這個主題很聳動，不過內容主要描寫作者長年以來的艱辛與孤獨、沒有容身處、也無法與任何人交流的深沉寂寞，也因而引起許多人的共鳴。

這本書並非只是膚淺地談及女同志叫蕾絲邊應召買春的經驗。由於無法與人有所交流，所以才轉而找上色情業，只要付錢就能跟人有身體上的接觸，而且還能保住一絲尊嚴。畢竟要突然跟男人進行這種事總會覺得害怕，還必須扮演女人的角色；而且重點是，作者對戀愛一竅不通。為了尋求療癒以及自身的改變，她透過叫蕾絲邊應召的方式與人有肌膚之親，進而面對自身難以捉摸的寂寞心靈，並一點一滴地恢復至良好狀態。一路看著她以柔和線條所紡織出的赤裸裸心境，我的內心也激起類似的浪濤，讓原本只是一介讀者的我也想要分享自己的故事。書中同時也描繪透過肉體接觸與客人交心，並讓客人邁向新人生的應召女郎。她們不光只是提供性服務而已，還能理解對方沉重的煩惱與慾望，並透過對話貼近其心。在赤身裸體這種狀況下進行沒有任何矯飾與謊言的，終極交流。

就是這個，我所追求的就是這個。

要與酒家業或色情店的男性「客人」透過對話來交心，恐怕是不太可能的。那如果是以女性為對象呢？

我再度仔細瀏覽著在液晶螢幕下顯得光滑明亮的漫畫。這次則將焦點放在應召女郎身上，並在腦海中刻劃下那些行為與互動。如果是我的話，或許有能力提供更多的服務。說來奇妙，比任何人都更需要尋求協助的我，居然想助人。這應該就是所謂的彌賽亞情結吧，我如是想，但隨即選擇遺忘。畢竟，能夠透過反芻而達到自我克制或感到羞恥的，只限相信自己應該還有更好選擇的人。

三十分鐘的休息時間轉眼已結束，必須回到工作崗位。放進褲子右側口袋的手機，略顯沉重微微發燙，令我感到振奮。在裸露在外的燈管照明下，通過幽暗又充滿灰塵的員工通道時，從地下傳來輕微的震動以及電車呼嘯而過的聲響。

3　在大久保終於遇到真正想做的工作

門打開的那一瞬間，大海在我眼前展開。

內雙、眼型微長的瞳孔配戴著藍灰色角膜變色片。每當眨眼時，眼尾的亮粉色隱形眼線就會在眼白折射出閃亮光芒。黑色的及肩雙馬尾俏麗地往外捲，就連髮梢都梳整得服服貼貼，簡直媲美鋼條。偏長的齊瀏海已近眼睛，看不見眉毛。很薄又有點往上翻的嘴唇塗著厚厚一層唇釉。她本人以前曾在推特表示，嘴唇沒上妝會顯得很窮酸，所以喜歡飽和度高的唇彩。裸露在外的肩頸則可看見纖細又明顯的鎖骨，女僕風小可愛下的滑膩肌膚則隨著呼吸上下起伏。包裹在粉紅腰封下的腰線顯得盈盈一握，下方則搭配著蓬蓬裙，裙下的筆直雙腿細到皮包骨，但無論是膝蓋還是腳踝，皆屬於骨架較大的類型。

「哇，妳好，是英里華小姐吧。很期待見到妳耶～」

我想她應該不是剛洗完澡，但完全看不到一天結束後疲累不堪的模樣。能在傍晚時分露出如此清新微笑的究竟有幾人呢。潔淨、簇新，而且精準無誤。沒有背負著過去或未來的任何糾葛，輕飄飄地，就像只為了這一剎那而現身般。

她打開巨大的門扉領我進入房間。一入內，全身就被溫暖的空氣所包覆。薄毛衣的細小縫隙被風吹得鼓鼓的，不知為何卻讓我覺得身體似乎變得輕盈起來。

「啊，打擾了，我是預約今天16點玩技套餐的井澤。」

用來迎賓的房間完全就像普通的公寓套房，小小一間大約四坪多，一個月租金大概介於八萬到九萬圓之間的那種房型。玄關後方則是乾淨整潔的迷你廚房，房間內最寬敞的地方則有電視與冰箱，矮桌旁放著兩只薄坐墊，旁邊就是覆蓋著嶄新白色床單的床鋪。除了整體景觀有點殺風景，以及擺設太少這兩點外，這個光景就跟來到愛乾淨的女生房間玩沒兩樣。我總在無意識間尋找能證明她活著的蛛絲馬跡，像是包包或還沒喝完的寶特瓶飲料等等，但不知是藏到哪去，完全看不到這些東西。

我決定站在她的角度進行觀察。這間套房的主人，也就是這位身經百戰、駕輕就熟引領新客人的應召女郎。角膜變色片下的澄澈眼眸，全盤接受著我毫不掩飾的打量視線，並不動聲色地將這些視線推回我身邊。這個人的眼睛，是海。

通過客廳後，我的心跳就像打鼓般開始怦怦作響。我坐在矮桌前的坐墊上，稍微向她靠近。她似乎對我的舉動感到稀鬆平常，毫不介意地微笑看著我。

必須說些什麼才行。而我想說的只有一句話。

「我一直很想見到妳。」

2017年4月，我在總武線大久保站附近的某間公寓房間內。來到與JR新大久保站有段距離的總武線大久保站附近後，完全不見因第三波韓流熱潮而人聲鼎沸的喧囂景象，只有一排排在日本到處可見的那種略顯幽暗又有點寂寥的住家分布。來到這裡不為別的，就是為了見到長年穩坐蕾絲邊應召業第一把交椅的人氣女郎，奈之葉小姐。為了成為蕾絲邊應召女郎，我將其視為自己最初也是最後的「範本」，由我出錢買服務，然後共赴雲雨。

*

這件事要從一個月前說起，當時我正在家與為數眾多的色情網站搏鬥。首要之務就是找到自己想加入的店。萌生在蕾絲邊應召業工作的念頭時，覺得這對我來說是最好的辦法，但才開始調查沒多久，便已感到困難重重。可能是拜前述的漫畫爆紅所賜，只要搜尋一下網站就能找到相當多的相關資訊，不過大多數的店家網頁都令我看傻了眼。

「這在搞什麼啊……」

點進連結的網址後，映入眼簾的是浮誇的LOGO標誌，以及宛如寫真偶像般僅著內衣，強調胸部與臀部的女性照片。背景則充滿了桃紅色的渾圓愛心圖案。

「讓大家久等了！桃尻御殿有生力軍加入！為各位介紹擁有迷人堅挺翹臀與F罩杯軟嫩豪乳的聖羅！目前還是學生身分，稚氣未脫，不過對各種色色行為可是充滿興趣。快趁現在把她調教成妳想要的樣子喔(*ˊ▽ˋ*)聖羅所提供的服務範圍也很廣，敬請把握機會，將她塑造成妳的理想型！」

在極度浮誇的網頁設計與店家興致高昂的開場白襯托下，本人的自我介紹倒是顯得很淡然，「還不習慣這份工作，但我會好好努力的。」接著就是身高、體重、三圍、興趣、性感帶、喜歡的類型，最後則是一連串可提供的服務選項。想像自己的個人檔案被刊登在這裡時，不禁令我感到暈眩。

先把所有網站調查一遍後發現，大部分的蕾絲邊應召網站似乎都走這樣的路線。後來我才得知，專接女客的應召網站幾乎都是由男性經營的。而且他們不單經營蕾絲邊應召，主業其實是服務男客的色情店，針對女性所推出的服務幾乎都只是副業。他們對於網站的設計與女郎的管理駕輕就熟，並將針對男性設計的服務直接套用在女性用的網站上，因此儘管名為「蕾絲邊應召」，但所有套路皆與男性色情店如出一轍。浮誇的網頁設計、刻意不露臉的女孩們在明亮的燈光下僅以內衣蔽體，擺出妖嬈的姿勢，搭配肢體動作讓春光若隱若現。胸圍多少、小蠻腰與體重大概多少皆標示得一清二楚，當然年齡也是，其中又以二十歲前半占壓倒性多數。女性往往被分為兩種，一種是對性一無所知但極度渴望性事的年輕女孩；另一種則是經驗豐富，想嘗試各種性愛類型的年長姊姊。人們的喜好往往被濃縮成一無所知的菜鳥，以及知識豐富而且熟門熟路的老手這兩種類型，而這項二分法或許放諸男女皆準吧。

唯一比較有蕾絲邊應召特色的部分就是，服務女郎還分為，外觀舉止較為陽剛，通稱為T者、從外表難以歸類是男還是女的不分者。此外，外型偏女性者則稱之為婆。外觀倒是其次，有很多店家會載明服務人員的性別認同與性取向。有些客人只願意接受不曾與男性有過性經驗的人選，因此聽說也會標示出該人員是否為女同志，抑或其他。

不只如此，進行性行為時的角色屬於受＝0號，或攻＝1號，都必須明確標示，兩者皆可的人則註記為不分。這原本是男同志業界用語，而非女同志業界的專業術語，不過在同性戀的世界裡喜歡將做愛時的角色類別交代清楚。曾有大學同學說過，這是因為若事前不知哪一方是主導型時，很有可能在天雷勾動地火準備纏綿一番的當下，才發現彼此根本不合拍。然而，男女之間也是要等實際翻雲覆雨時才會知道誰才是攻方或受方，因此，只有同性戀者必須公開性角色的風潮原本就很荒謬。既然如此的話，就算異性戀者傾向明確表明攻方或受方也一點都不奇怪不是嗎？記得在大學時代好像討論過這個議題。

簡而言之，用來選擇性行為對象的資訊，全都一清二楚地刊登在網站裡。可是真的是這樣嗎？儘管對方只是利用應召服務時短暫相處的對象，但真能透過外表、體重或胸部大小之類的條件來決定嗎？利用這種方式就能瞭解自己即將花數萬圓交歡的對象嗎？挑選對象這種事有時相當殘酷，在性關係上更是如此。必須捨棄部分堅持，強行套入設定裡並自我催眠這就是自己想要的。

瀏覽女郎們的介紹欄時，一連串誘人的字句甚至令人感到刺眼。好想快點見到妳、好想有人跟我玩、讓我們一起相親相愛、玩角色扮演也OK喔，諸如此類的輕佻宣傳，反倒予人一種經過大幅簡化無法窺見實情的感覺。遊走尺度邊緣地露出大腿根，露骨又毫不保留的乳溝大特寫，只有臉不是經過模糊處理就是以貼圖遮蓋，藏在美肌效果照片下的表情究竟如何，則完全不得而知。

就在我已經感到厭煩而麻痺地往下滑過一則又一則龐雜的女郎資訊時，目光卻被某個畫面所吸引。

「妳好。真的很謝謝妳在為數眾多的人選中抽空閱讀我的介紹頁面。請讓我聊一下自己的故事。透過這個介紹頁面無法說完所有的事，而且文字有時也會招來誤會。不過，我還是想表達出來讓妳知道。

我在拉拉送愛這家店服務，名叫奈之葉。離開故鄉福島進入這個業界已一年。從小就喜歡女生，對性事也有興趣。可是很難在鄉下地方滿足這樣的慾望，為了探究自身在性方面的可能性，決定轉戰東京。對這個業界一無所知的我，全靠著客人的支持才能走到今天，令人開心的是，如今有各種類型的客人願意來找我服務。

現在，妳正想些什麼而來逛這個網頁呢？

感覺有點寂寞、想被人抱入懷裡、想談戀愛卻又覺得害怕、想瘋狂地大玩特玩、喜歡女生可是沒做過這件事、對性有所煩惱、總之就是想找人說話、有無法對人啟齒之事，我想有些人應該正面臨著上述的種種狀況吧。也有客人是對自己沒有自信、因為缺乏戀愛經驗而感到羞恥。來找我的客人其實各有不同的欲望，而我身為這家店的服務女郎，隨時都在此等候協助妳的需求。

不得不說，或許在妳大駕光臨後，仍無法完全解決這些煩惱或需求。畢竟人的欲望是無止盡的。滿足了這一項，就會再萌生下一個欲求。而我不過是一介服務女郎，不可能有辦法治療或解除妳所抱持的煩惱。但是，我想我可以陪妳一起面對與思考，協助妳往前走下去，也能為妳提供有關性方面的意見。我會盡最大的努力讓妳的心靈與身體恢復元氣、找回活力再為人生打拚下去。我想成為一位不會讓妳覺得有負擔的夥伴。我會在店裡等待，期待有朝一日能見到獨一無二的妳。」

這份誠懇，以及充滿人性的認真態度所為何來呢？個人檔案也是寫得密密麻麻，只有這人的介紹頁充滿大量的文字，甚至令我留下奇特的印象。有血有肉，這個人活得有血有肉。只有這個人的網頁讓我體會到其他網站不曾感受到的服務女郎神髓。再將頁面往下拉後更是令我難掩驚訝。出現在畫面上的是身穿粉紅洋裝的蘿莉塔少女。

黑髮綁成雙馬尾並繫上蝴蝶結，臉白，長相略顯平凡又帶點稚氣。服裝為女僕風，小蠻腰下可看見蓬蓬的花邊短裙，露出來的一雙腿則搭配著膝上襪。接著看向照片欄，可以欣賞到女僕裝、哥德式服裝、修女服、花邊泳裝，以及應該是她所喜愛的各種服飾。這些照片不像其他網頁般擺出挑逗撩人的姿勢，與其說是性工作者，還比較像是扮裝者。最後一張照片則是由上往下拍出她戴著手銬視線往上看的表情，直到這時我才終於想起自己是在瀏覽色情網站。年齡為22歲，幾乎跟我同年。年齡旁則有個閃亮亮的「蟬聯拉拉送愛！指名排行榜12個月冠軍！」的封號。查了一下才發現，此人在這個業界似乎赫赫有名，如彗星般地乍然來到，才入行沒多久便獨占好幾個月的指名排行榜鰲頭。甚至還有粉絲後援會，只要有她出席的活動就會吸引一票女生蜂擁而至。人氣高到女性雜誌與網路媒體也曾採訪過她，據說與藝人也有交流。擁有亮眼成績而且外貌引人注目的紅牌女郎，與一字一句用心撰寫的那段自我介紹形成強烈反差。所有的一切在我心中完全兜不起來，令我暈頭轉向。眼睛實在太過疲累，乾脆先關掉網頁，一回神才發現自己又反覆看了好幾遍她的頁面。

我不是因為反差而感到驚訝，而是被她誠摯的態度所吸引。在這個業界能夠維持如此誠懇的心態，不已近似奇蹟了嗎？不只是蕾絲邊應召，想盡辦法讓對方感到暈陶陶的做法在酒家業也被奉為圭臬。為了滿足對方的願望，說些華而不實的謊言，背後則吐舌頭做鬼臉。話語是用來鼓譟與哄騙的工具，而不是為了與對方交流而存在。被哄的當下的確會感到很愉悅，但曲終人散後莫名只剩寂寞。我想為這樣的業界，提供某些更沒有虛假成分的服務。從網路上所窺見的她的工作態度，完全與我想做的事不謀而合。

她究竟是何方神聖呢？會僱用這麼奇特的人，或許店家的想法也很彈性，多少願意貼近女性的心境也說不定。我仔細閱覽僱用條件、工作型態，並想像加入這家店的自己。儘管有些突兀感，但也只能接受。我壓抑著期待、不安與雀躍的一顆心，從異常閃亮的留言欄送出應徵訊息。應該明天或後天就會收到回信吧，今天就這樣該睡了。當我伸手準備闔上筆電螢幕時，在藍光映照下的粉紅魔法少女正看著我，揮舞著魔杖。

等了三天，音訊全無，沒有任何聯絡也沒有收到回信。我心想該不會是店家休息沒營業吧，但在推特上看到他們今天也依舊活潑地發出宣傳貼文。我這才察覺自己應該是吃了閉門羹，只好再接再厲應徵其他條件與感覺還不錯的店家，但同樣石沉大海。我有女性經驗，對各種玩法也都有所涉獵，年紀應該算很年輕，為什麼會這樣。

等我正式入行後才得知，原來蕾絲邊應召的市場很小。數年前那本漫畫散文集推出時，這個業界一度氣勢如虹，蕾絲邊應召服務如雨後春筍般地崛起。然而，實際上進行消費的女客人遠比上色情店的男客還要少，再加上想進這個業界工作的女性還頗多。這是因為原本接男客生意的人，並不在乎收入少一點，只想在比較「輕鬆」的條件下工作，而紛紛轉戰此行的緣故。此外，聽說也有很多人是想找兼職副業，但又排斥服務男性的色情業或酒家業。當然，原本就是女同性戀或雙性戀而想跟許多女性有親密接觸，或是對性很有興趣而投奔這個世界的也大有人在。在一大票性工作者搶奪稀少客源的情況下，能在這個業界擁有固定客源而且賺得到錢的只限一小部分人，單做蕾絲邊應召並擁有穩定收入者真的少之又少。被一時的潮流所吸引而加入這行，但完全拉不到客人只能喝西北風而早早撤退者也很多。有些店則是號稱小本經營，但實際上根本沒在營業。蕾絲邊應召的經營者多半以服務男性的色情店為本業，據說想多賺點錢的女郎，最後就是被勸轉換跑道，直接被安排到服務男性的色情店工作。也曾耳聞以蕾絲邊應召的招牌當幌子，實際上卻是招募男性色情店服務小姐的惡質店家。我們這裡啊，其實也有經營針對男性的服務耶，妳看，要做的事跟這裡大同小異嘛？如果想多賺點錢的話，會比較推薦接男客生意喔～。然後這些人只得含淚轉往男性色情店當服務小姐。蕾絲邊應召業的工作，並非如外界所想像般的輕鬆又簡單喔——久住如此告訴我。久住是引領我進入這個業界的最大功臣，而且也是讓我決定將這行當作本業的關鍵人物。

到後來已經沒得選，只能像試手氣般多管齊下主動聯絡，但持續處於連封回信都沒有的狀態，好不容易才收到一家的回覆，讓我大感振奮，認為終於獲得可以毛遂自薦的機會，但對方的回覆內容卻非常的冷硬。受方還攻方？想賺多少？有固定客源？為何想在這裡工作？在燈紅酒綠的業界，聯絡內容往往偏簡潔，但這個真的太離譜。而且牛頭不對馬嘴的回覆也很多，讓我覺得這家店很可疑，而推掉了面試。最後終於找到的店家就是久住所經營的「初蕾絲」。

初蕾絲的網頁設計也很浮誇，背景是身穿內衣的小姐們扭腰擺臀的舞姿，完全是色情感滿滿的網站，所以起初完全不被我列入考慮，但現在已經別無選擇。我已做好這家可能是幌子的心理準備，從留言欄送出應徵訊息。沒想到幾小時後便收到店家的回覆。

「謝謝妳應徵本店♫我們想安排面試，請問妳何時方便呢（^^）」

我懷疑是自己看錯。比登天還難的面試機會竟然得來全不費工夫，反倒令我無所適從，也想確認一下自己與這家店的主事者是不是真的談得來。我透過與色情業不搭調的正經八百長文來闡述自己「想活用以往至今的經驗，為女性提供撫慰心靈的服務」的想法，並用LINE傳送這則訊息。不過對方完全沒被我嚇到，「沒問題的（^^）請妳一定要來面試喔!!」

由於至今在應徵上吃足了苦頭，被如此友善對待反而令我忍不住起疑心。內心雖然覺得狐疑，還是先跟對方約好在池袋面試。「3月〇日，下午5點在池袋北口圓環見面。對了，請帶身分證喔。」

面試當天，我刻意精心打扮。穿上衣櫥內最新的藍色洋裝，腳上則踩著沒有半點磨損刮痕的包鞋。指甲縫處理得很乾淨，毫無肉刺，頭髮也仔細梳整，力求潔淨清爽。將粉底液輕輕塗抹在肌膚後，雀斑與黑眼圈頓時隱形，呈現出陶瓷肌般的精緻質感。

搭乘電車來到池袋北口圓環。那年三月底的東京，櫻花已開但空氣卻很冷冽，連日皆為宛如冬季的陰天。身穿薄款春季外套的人們，就像飛落的櫻花瓣那樣隨風飄散，在冷風的吹拂下急著趕往某處。陽光帶來一絲暖意，靜靜站在日光下應該就會暖和不少，但無人有閒暇在都會的白天時段停下腳步。上班族們行色匆匆地出現，接著消失在某個地方。讓我想到與自己擦身而過的上班族人生。

直到上個月為止，為了糊口我還在飯店當兼職員工。那是一家位於新宿的商務飯店，主要客層為外國觀光客，必須用到英文，館內充斥著各種外語對話，有些甚至聽不出是哪一國的語言。我負責早晨時段的櫃台接待業務，辦理入住手續、搬運行李，以及回答房客的各種提問。飯店就好比巨大的機場，房客們會隨著個人的行程安排不斷地進進出出，一刻不得閒。房客會有各式各樣的要求——我想知道搭哪一班公車能在18點抵達東京車站、請告訴我這附近好吃的居酒屋，客房內沒有茶、想寄東西回老家等等。這是一份繁忙的體力活，但能讓員工自由發揮的範圍也很大。來這裡上班的目的是為了賺取這個月的生活費，不過趁著現在說不定還能重返白天的工作，而讓我心生期待。在我身體狀況已恢復得差不多的現在，或許有機會。

而且幸運的是，該飯店的女經理對我很好。說不定會感受到我想繼續從事這份工作的熱忱，以及對我認真努力的表現給予評價。在這裡，為了達成同一個目標，指導者與受指導者會針對各項規定與業務內容加以切磋，讓我睽違許久地感受到屬於社會人士的節奏與韻律。如果能夠就這樣養成習慣適應下來的話，或許就能克服過去的障礙。可是，現實總是一如既往般毫不留情地擋住我的去路。

我完全掌握指導手冊的內容，能在客人面前表現出無可挑剔的專業態度，不管聽到多無理的要求都不會動搖半分。可是，無論如何就是無法一大早出門工作八小時。要以正職員工的身分從事白天的工作，就必需配合既定的規則與系統。不是只做特定的職務就好，而是必須均衡地全盤兼顧。看似理所當然的這套設定，在我看來卻是難以達成的難關。即便勉強自己嵌入這樣的設定裡，也一定會在某個地方露出馬腳。腦袋很清楚應該做什麼，不知為何身體卻愈來愈動彈不得。早上爬不起來，即便出勤也會因為疲累而無法好好表現。然後眼睜睜地看著工作能力不如我，但能準時上班的人陸續獲得重用。我的內心與雙腳漸漸變得滯重遲鈍，結果也不得不辭去該飯店的兼職。

我的出路只剩夜晚的工作。幾天前，櫻井打電話來時我跟她聊到這件事。那一陣子櫻井不再來我家，改成每星期與我通一次電話。

「我果然還是沒辦法做白天工作的樣子。」

「是喔。」

「不管再如何努力，好像終究就是會回到那個結論。」聽到我表示無奈後，櫻井維持著一貫的態度說道：

「希望妳能找到讓自己發光發熱的地方。」

「嗯。」

人只能以手上握有的牌來一決勝負，我所擁有的絕非一手好牌，但只要活著，牌局就會持續下去。

「啊，對了。我前一陣子試著去咖啡情人座打工，遇到一位客人跟我說『妳再過不久就會大放光彩，加油啊』還給我小費耶，而且一次給七萬圓。」

「好厲害喔，可能是妳有什麼特質讓他這樣覺得吧。」

人生就是充滿不可思議，有時會被深信不疑的人背叛，有時則會被意想不到的人拯救。無論是特地給我一筆小費的客人，還是幫助我打贏勞資爭議的清香姐，以及處處關心我的櫻井，我們彼此之間的關聯只不過是一個點，但毫無疑問的是這些人義不容辭地往前推了我一把。

當我說出，接下來想投身蕾絲邊應召業時，櫻井只說，等妳工作上手穩定後，換妳聯絡我喔，我會一直等妳的。

我看著來來往往的人潮，找尋久住的身影。他說會自行找到我，正當我懷疑在這種地方真的有辦法找到人嗎，而不安地環視著北口一望無際的道路時，一輛黑色廂型車快速地滑到我眼前。車子分毫不差地在我面前停下後，車窗接著往下搖。該不會就是這個人吧。

「啊～是井澤小姐？」

「是……久住先生嗎？」

「對啊對啊沒錯。」看起來人很好的這名男子隨即露出淺笑。

「……上車談？」

「嗯，請上車。」

車門驟然打開，我充滿戒備地坐上車後，聽到車內微弱的廣播節目音量，主持人的聲音彷彿跟著所播放的熱鬧歌曲打起節拍般地響起。久住毫不遲疑地關掉這個誘人的明亮嗓音，車內頓時顯得一片寂靜。這台廂型車是用來接送小姐的嗎？駕駛座後方的四人座異常寬敞，飄散著菸味與車子獨特的濃濁味道。我整個人縮得小小地坐在靠車門的座位，以便一有危險時便能立刻下車，久住則轉頭看向我。「啊，妳好啊～重新自我介紹一下，我是久住。妳是井澤小姐對嗎～」他染著一頭棕髮，臉龐四周的頭髮相當捲翹，或許是自然捲。咧嘴一笑時會從豐厚的嘴唇露出泛黃的牙齒。由於坐著看不太清楚身材，不過包覆在黑色T恤下的身體相當有肉，堆滿了只能以脂肪稱之的物質。看起來不像色情店的經營者，比較像活潑外向的玩咖。話雖如此，仍舊大意不得。我一邊填寫他遞給我的面試問卷，一邊將包包牢牢夾在腋下不敢鬆懈。久住接過被我寫得密密麻麻的面試問卷與身分證後，一邊點頭一邊看了起來。

我急忙表示：「我可以立刻成為戰力。本身與女性有過經驗，在實戰方面也很強。我在大學攻讀性別學，所以性知識也很豐富。再加上我曾當過女公關，對自己的親和力也很有自信。」不管怎麼樣，就是得想盡辦法讓他錄用我，就算必須揭露前塵往事也無所謂。正當我暗自下定決心時，久住一派輕鬆地將面試問卷與身分證交還給我後說道：

「好，妳被錄取了！」

「咦？」

「沒問題吧，那最快從什麼時候可以開始上班～？」

「啊，不用再跟其他人討論要不要用我嗎？」

「挑選小姐都是我一個人決定的，不用再另外討論，所以才說妳被錄用了嘛。」

全身頓時像洩了氣般放鬆下來。我有氣無力地靠著座椅。久住則完全不在意我的狀態逕自接續道：「妳知道本店的規則嗎？在還沒有回頭客固定指名時，我們會配合客人的要求指派條件相符的小姐服務。一開始也不會讓井澤小姐以指名的方式接客，而是請妳服務我們所指定的客人。」

換句話說，我會在客人並不清楚我個人背景的情況下展開服務。

「總之，請先給我妳的LINE。遇到條件相符的客人預約時，我會用LINE跟妳確認聯絡。若妳覺得OK就算敲定預約。我們的店沒有事務所，當天就是請妳從住家直接前往客人所指定的場所。當然不可以無故放鴿子，如果臨時這樣搞的話，就會扣薪。」他交給我印有接客規則與報酬方式的紙張，告訴我詳情都寫在上面。

「啊！」久住大聲叫道。對啦，差點忘了！好險有想起來。「我們這裡沒有提供可以讓小姐學習技巧的事先研習喔。不過啊，我想依井澤小姐妳的經歷應該是不成問題才對。」有些店會針對新人指導各種服務技巧。尤其是在沒有女性經驗而直接入行的情況下，很難在過程中領導客人，因此才會透過實際研習來學習待客流程、相關準備，以及最少應該具備的技巧。只不過，願意這樣指導小姐的只限一小部分的大型店家，其他多半沒有這樣的餘裕。因為必須支付酬勞給負責擔任講師的老手，所以根本沒有閒錢可以用來投資在入行者眾離職率也高的新人教育上。

我不假思索地回答自己沒問題。這倒也不是說謊，而是有信心自己做得來，而且我心中已有一位絕佳的實戰研習人選。

久住表示可以順便送我回家而驅車上路。在他既不橫衝直撞也不四平八穩的駕駛下，池袋街道在轉瞬間化為光與線和都市景觀融為一體。廂型車如騰雲駕霧般輕快地奔馳著。我的身體隨著車身的震動舒服地搖晃，久住則愉悅地哼著歌一路狂飆。街道即將迎接傍晚的到來，夕陽不時從厚厚的雲層中探出頭來，發出炫目的光芒。今後究竟是邁向希望還是不安，我無從知曉。

＊

「我一直很想見到妳。」

我對著眼前這位在日本赫赫有名的應召女郎如此說道。聽到我這麼說後，奈之葉小姐的嘴角綻放了一抹微笑，「聽到妳這麼說，我覺得很開心。」我趁著放洗澡水的這段時間，面對面地向她訴說我的心意。我長期在推特追蹤妳的發文、妳之前上的節目很有趣、為何妳會以獨特的世界觀來從事這個行業呢、從一開始就很有人氣嗎、為什麼會進這個業界、這份工作不辛苦嗎。當然，只要在妳願意回答的範圍內告訴我就好，我先把話講明，不過每當我提出問題時，她都很有耐心地仔細回應。她能體會我的意圖與心情，隨時不忘展現體貼，但誠實地侃侃而談。她的為人都展現在她所寫那篇文章上。而且她還是這個業界的佼佼者。

我必須向她取經學習。畢竟不能丟了這份終於找到的工作。儘管事先已從網路得知她的工作理念，但我還是想親自體驗一番。話說回來，能獲得像她這種等級的名人服務，很多客人會在事後將自身的感想發表在部落格或發文網站上。與她激情交戰過的人們總是興奮難耐地互相分享，她對我做了這件事、跟我說了這樣的話。某位客人曾表示：「奈之葉小姐跟我說『好想快點做喔。我已經等不及了，我們快走吧。』隨即牽著我的手進了浴室。那時我已經忍不住想尖叫，接下來的過程也是不斷臉紅心跳、小鹿亂撞。」沒想到外表清純的她會說出這麼大膽的話呢，這應該就是所謂的反差萌吧。

從見面到現在已經過一小時。我所準備的問題也逐漸問完，再繼續聊下去的話反倒顯得不自然。剩沒多少事可做時，頓時就會覺得時間過得很慢。接下來只剩做愛而已。

「英里華小姐。」她輕巧地站起身。

「是。」其實也可以用化名，但我在預約時便直接沿用英里華這個名字。

還以為她也會同樣對我說出其他客人曾分享的那段台詞，但她只是輕輕轉過頭微笑對我說：

「我們一起洗澡吧。」

我頓時呆若木雞，原來那段不是固定台詞啊。她柔軟又乾爽的手牽著我來到套房的浴室。這間單人用的小套房，只有浴室格外寬敞。還以為奈之葉小姐會故意吊我胃口或是要露不露地慢慢脫掉衣服，沒想到她乾脆俐落地褪下衣物。這就是魔法少女一絲不掛的瞬間。我見狀後也慌張地迅速脫去身上的衣物。

脫完衣服後，奈之葉小姐熟練地轉身面對我。她的身體很單薄，瘦骨嶙峋，在米黃肌膚下，能清楚看見骨頭分布的位置。肩膀出乎意料的寬，扁平的胸部下方則呈現著平緩的曲線，有點前傾的腰椎將滑膩的肌膚擴展至身體兩側。不知何時卸下唇妝的她，在藍灰色角膜變色片映襯下，宛如仿生人也像極了人偶。這是習慣赤身裸體暴露在他人視線下的人才會有的柔軟身段。

來到浴室後，地板乾燥而溫暖。奈之葉小姐將筆直的雙腿泡入完全不具生活感的浴缸內。我也將身體縮得小小地泡在熱水裡，並抱住膝蓋。我坐在奈之葉小姐的雙腿之間，形成由她從後方抱著我的姿勢。這麼說來我倒想起，那本漫畫散文集好像也曾描述客人與女郎的沐浴場景。奈之葉小姐從後方輕輕地將下巴擱在我的肩膀上，彷彿向我宣告自身的存在般，而非將全身重量壓在我的肩頭。

「英里華小姐，真羨慕妳，皮膚這麼光滑。」

「謝謝妳的稱讚。」

「或許有些人會認為我這樣說只不過是耍耍嘴皮子，但我只會讚美真正感到美好的事物。」

「原來是這樣啊……」

「若真心想與人交流相處，就不應該說場面話。因為那不是為了他人，只是想讓自己在對方心中留下好印象罷了。」

「……可是有時候也會因為對方想聽而說場面話不是嗎？」

奈之葉小姐沉默半晌後說道：「這跟勉強自己配合客人的需求又不太一樣。我會認真思考客人究竟想要什麼，但我能做的畢竟有限，也有設定底限。不過，只要是在這個限度範圍內，必定全力以赴，這既是我的理念，也是我的工作原則。」

我的原則又是什麼呢？

洗完澡後，僅圍著浴巾的她，輕柔地伸出白皙手臂表示：「跟我來。」

奈之葉小姐在床上撫摸我。她的待客方式也貫徹在做愛過程中，細膩的程度令我咋舌。這並不是指擁有固定的做法或技巧，而是她會仔細觀察對方的反應，悉心地一一配合。細心觀察身體反應並詳加解讀，查覺到對方並未展現出太大的性致時，就會迅速轉換成別的進攻方式或技巧。在對方有所反應的部分，則反覆嘗試並逐漸提高強度。客人也可以感受到奈之葉小姐並非出於勉強忍耐，而是真的樂在其中。一切毫無虛假順勢而為，因此客人也能安心地專注追求自我的慾望與快感吧。一回神，我的意識也已隨之飛往遠方。

一切結束後，在潔白床單包裹下，我茫茫然地望著天花板。就在意識彷彿即將墜至無底深淵之際，隱約聽見了奈之葉小姐的聲音。她的聲音就像具有質量般地沉甸甸。「這樣躺著會很想睡吧。」「可是不能睡喔，沒剩多少時間了……」。

奈之葉小姐在高彈力彈簧床上宛如輕輕彈起般地轉向我，問道：「接下來妳還有什麼想做的嗎？」我的腦袋悄悄甦醒。是時候該全盤托出了。

「其實，我打算在這個業界工作。對不起，無論如何就是想知道人氣長紅的奈之葉小姐是怎麼提供服務的，所以今天才來找妳。」

奈之葉小姐圓圓的眼睛微瞇了起來。我心想自己這番話必定會惹得她不愉快，然而，她以不變的音調回答「原來是這樣啊。」並輕輕拉起我的手與自己的手掌貼合，舉向空中。

「祝妳一切順利喔。我想英里華小姐一定可以成為出色的女郎。」而我即將接受在她手掌另一端的未知事物的洗禮。

我還記得奈之葉小姐在此時所告訴我的另一項重點。

「我們是等待的一方。」

「等待的一方？」

「這個工作被稱為外送茶，也就是被客人召喚才會出動。不過就我來看，女郎其實處於等待的立場。除非有人點單，否則不會與任何人見面。偶爾，有些客人會讓我想到不知她們在那之後過得如何。可是，我不能主動聯絡，這違反工作規則，也是背叛其他客人的行為。我們與客人的關係只建構在見面的這段時間裡，這段時間結束後客人有自己的人生要過。在意人家過得如何只不過是我的私心罷了。擔心能帶來任何幫助嗎？我只能說自己完全答不上來。」

就算隨意趴在床上，聲音變得平板無波，這個人的態度也始終如一。讓人搞不清楚到哪一段為止是真心話，從哪一段開始是場面話。

「除非被固定指名，否則我們與他人的相處方式是很零碎的。與客人的邂逅基本上只有一次。所以我們能做的就只有相信與等待。至於客人真正的想法就不得而知了。有時候見不到面反而會比見面時還痛苦，要壓抑這股情緒或許是這個工作最艱難的部分。不多想、不去在意，可是偶爾就是會突然想起。」

那個人，過得可好。

急性子的春季夕陽已搶著露臉，沖完澡、著裝完畢準備離開時，奈之葉小姐轉向我問道：「最後要來個吻別嗎？」我搖搖頭反問：

「可以改成擁抱嗎？」

奈之葉小姐展開雙臂，「如果不嫌我胸部小的話。」我們給彼此一個擁抱。這非關戀愛亦非友情更不是家人溫情，只是一段萍水相逢的關係。

奈之葉小姐送我到離這裡最近的大久保站。她今天應該也有其他的預約吧，聽著電車經過的呼嘯聲，我不經意地想著。車站月台明亮到誇張的燈光，甚至讓我感到抗拒。「如果妳願意的話，請再來找我喔。」她在驗票閘門的另一端微微偏著頭。不拖泥帶水的道別方式很有她的特色。「等妳喔。」

我無言地點點頭。

三天後，我的 LINE 收到一則聯絡。

「一週後有預約。30世代，名叫朱璃，17點，約在新宿見面。」

4 第一次接客，見面地點就在新宿伊勢丹前

伊勢丹百貨的化妝室鏡子很傷腦筋，會讓人的皮膚與氣色看起來很好，而忍不住開心一下，這倒也無所謂，只是在這種時候不希望它照得太清楚，讓人無所遁形，我一邊想著這件事，一邊塗上能瞬間予人明豔動人印象的紅色唇釉。悄悄看一下四周，這些人可能等一下有約吧，正聚精會神地往臉上擦脂抹粉。以再過不久就要卸妝為前提而化妝的人，或許只有我而已。思及此，頓時產生一種不可思議的情緒。

2017年4月底左右，我在伊勢丹新宿的女性化妝室。這天是我踏入蕾絲邊應召業後值得紀念的初次出勤日，為了進行見面前的最終確認而來這裡報到。久住在前一天傳LINE表示：

「剛開始或許會緊張，但妳可以的，加油（^^）」

這內容也太敷衍了吧，讓我忍不住感到無力。不過，也只能硬著頭皮上場。

我反覆背記工作流程：確認見面對象的名字、報上自己的名諱。在前往飯店的路上不著痕跡地詢問對方的身家背景。抵達飯店後，將對方的衣物掛在衣架上、手機設定鬧鐘，費用必須在一開始就結算。先聊一下天，然後進行挑逗。久住所經營的應召服務，低消為短程的60分鐘套餐，老實說真的很緊湊。也有時間比較長的套餐，但對缺乏色情店經驗的女性而言，最具人氣的似乎就是感覺像試用，比較好下手的短程套餐。抵達飯店前的這段路程並不計時，但幾乎沒有時間做愛。相較於最少還能確保大約兩小時接客時間的女公關，這無疑是速戰速決。必須在這個極短的時間內帶出對方的需求，並使其感到滿足。

抬起頭才發現鏡子裡的這名女子臉部線條有點僵硬，而且面無表情，臉色則略顯蒼白。若端出當女公關時那種百分百逢迎諂媚的態度，感覺會被看穿，讓我猶豫不知該如何自處。瞪視著鏡中人的那雙不設防的黑眼瞳閃爍飄移。我有點後悔自己沒配戴角膜變色片來。根據久住事先傳來的訊息，今天的客人名字為朱璃，年齡為三十多歲。註冊時所輸入的資料只有這樣而已。除非有加購指定項目或在備註欄填寫注意事項，否則在客人預約時所能得知的資訊幾乎等於零。只能透過短暫的對話問出或是察覺對方的要求。

踏入這一行後，我為自己取了「Mitsu」這個新名字。Mitsu以兩個平假名組成。這個字與蜂蜜的蜜，祕密的密的日文發音相同，並隱含著女性的蜜與密的意義。在這個很容易撞名的業界，應該相當特別。「Mitsu」既是我自己，也是從事這個工作時的另一個人格。我會盡量貼近客人的要求，但不會勉強自己來配合對方。不說謊，以誠懇的做人態度與客人接觸，但不流於阿諛諂媚，而是以自身真實的一面來一決勝負。

話說回來，這名客人對我一無所知。她所註明的希望條件為身材高挑，久住似乎是因為這樣才指派給我，但她根本不知道會是誰來服務。所以說最不安的其實是對方。我使出渾身的力量從化妝室的椅子上站起身。

對方留著一頭黑色直髮，據說當天會穿著藍色洋裝。17點在伊勢丹正面玄關見面。我在約定時間的十分鐘前走到指定地點查看，已經有個符合特徵的人站在那裡。那人倚靠著刻有歌德樣式繁重裝飾的大理石柱站著。未染過的黑長髮在身後隨風飄揚，從側臉角度看來，嘴巴顯得微凸。應該35歲左右吧。柔軟的藍洋裝被風吹得緊緊貼住身體，與向晚時分趕著現身的粉紅天空形成美麗的對比。猶豫不前也成不了事，我直接向她走近。在彼此只剩一公尺距離的地點，她也察覺到我的存在。啊啊，原來是妳的恍然大悟感，以及期待與困惑的情緒在她臉上一閃而過。我假裝沒注意到她打量著我的視線，並跳入這個空白的區間裡。在那瞬間眼前突然變得一片白，好不容易故作鎮定與她對視，接著只要說出開場白就好。

「是朱璃小姐嗎？很高興見到妳，我是Mitsu。」

剛起頭的對話為何總是如此坑坑巴巴呢。明明不知該往何處前進，但不前進就永遠抵達不了目的地。今天的賓館是由朱璃小姐指定的。地點位於歌舞伎町二丁目。在前往賓館途中，為了避免冷場沒話聊，我試著慢慢地調整話題的方向、說話速度與類型。在對方不會感到厭煩的程度下，不動聲色地丟出對話。

「今天放假嗎？」

「啊，是啊。我請特休來的。」

原來是上班族。「那今天應該比平常更有時間慢慢準備吧。上午有好好休息嗎？」

「睡了個大頭覺，實在是睡太久了。」她的眼周表層有著淺淺的細紋。

無論我提出什麼問題，朱璃小姐總是詳實又客氣地根據自己的步調來回答。雖說難掩緊張的情緒，但或許她原本就是文靜又低調的類型也說不定。由於久住所設計的官網實在浮誇到令人不敢恭維，老實說我還嚴陣以待，究竟是什麼樣的人會去那網站預約並前來相見呢。萬萬沒想到會是一般的清秀佳人。問了朱璃小姐才得知，她任職於金融業。我想像著她平時在辦公室工作到很晚，身為小主管而且做事認真的模樣。梳理得整整齊齊的硬質長髮、精挑細選一看就像在百貨公司購入的優質服飾、手上則佩戴著與年齡相符的高質感手錶。完全能讓人感受到她彬彬有禮的應對、謹慎而且確實的工作態度。興趣是飛靶射擊，出人意表的是她假日似乎是戶外派。就外型來看，在我眼前的朱璃小姐與蕾絲邊應召完全扯不上邊。以她的年紀來推敲，就算已婚也一點都不奇怪。我不動聲色地確認了一下，修長的手指上不見任何痕跡。

社會大眾對於女性叫應召這件事本身的偏見與打壓程度甚深。無法如男性般將這件事當成同性之間的玩笑並互通有無，只能以不能說的祕密與禁忌處理之。後來當我公開自己是蕾絲邊應召女郎的身分後，才發現有些人會小心翼翼，有些人則難掩居心，但幾乎百分百之會丟出相同的疑問：

女人為何會叫應召？那個人是女同志？大家的性慾都很強？反正就是欲求不滿嘛、她們都很乏人問津嗎、應該就是長得很抱歉的歐巴桑吧？

這些不會在男性色情店聽到的疑問，一旦主角轉換成女性就會遭到萬箭齊發，不但得應付無數的為什麼，還會被要求做出說明，而且最好是嚴重或悲慘的理由。

我不需要什麼辯解的理由，只是想知道，也希望對方能告訴我，為何會來到這裡，以及希望我做些什麼。

抵達飯店後由朱璃小姐選擇房型。她柔嫩的手指在櫃台毫不遲疑地按下點選房型的按鍵，電子面板的白色光線薄薄地照在她臉上。看她的樣子，總覺得似乎對這種事習以為常。進到房間後才發現裡面意外地寬敞潔淨。愛情賓館的房間往往陽春簡易，不然就是走奇怪的豪奢路線，這裡的擺設雖具有獨特的存在感，但環境整潔、風格洗鍊，看起來就像普通的飯店。朱璃小姐旋即在我身旁脫掉外套，我急忙用衣架掛好。

她主動交給我裝著新鈔的白色信封，金額剛剛好。在我接過信封後，她便先行淋浴。看到她穿著浴袍出來後，我也立刻起身迅速做準備。我在小小浴室內將賓館所提供的沐浴乳倒在手上快速搓開，全身上下洗得乾乾淨淨。專注在清潔身體這件事上不去多想，就會覺得索然無味，三兩下就能結束。我套著浴袍回到房間內，殘留在雙腳之間的水氣莫名地帶來寒意。

朱璃小姐穿著白色浴袍坐在床邊。房間的照明在我淋浴時已調暗，所有事物的輪廓彷彿漸漸融化在曖昧的黑暗裡。外頭的亮光與喧囂全都到不了這裡。我一邊靠近床鋪，一邊在腦中迅速模擬流程。先接吻、將朱璃小姐撲倒，接著解開浴袍的綁帶。我在上面探尋她的身體反應。一切僅止於肌膚的接觸，然後時間到。

「朱璃小姐。」

我忍不住出聲喚她，原本陷入寂靜的這個房間起了小小的漣漪。當我坐在朱璃小姐身旁時，她倏地抬起眼。

「為什麼今天會想利用蕾絲邊應召服務呢？」

朱璃小姐聞言微微地偏著頭。這麼說來，一般很少有機會像這樣與年長女性關在密室共度時光。當她沉默時會有奇妙的存在感。

「我只是覺得在不太瞭解朱璃小姐的情況下，可能沒辦法做得很好。或許妳會覺得我是個怪人。」彼此明明面對面靠得這麼近，但燈光昏暗再加上逆光的緣故，無法看清楚她的臉。朱璃小姐的身體稍微動了一下。「瞭解我嗎……我想想喔。」她的聲音顯得顫抖。原本持平的聲波略微崩塌，新的波浪又從下方竄起。「啊，是不是我做了什麼奇怪的事？其實這種服務我只用過一次，所以還不是很習慣。」

機會來了。我接著問：「是什麼原因讓妳決定體驗看看呢？」

微乎其微的空調背景聲音中夾雜著她的呼吸聲。「嗯——該怎麼說呢。」將注意力集中在說話聲時會發現一件事。人的情緒會比想像中更如實反映在音調、說話速度、語氣以及節奏上。展現朱璃小姐的意志與情感的細微聲響集合體被打亂，略起波瀾然後變得明亮。

「我也說不出個所以然，其實有個人讓我有點心動。」我這才恍然大悟，原來朱璃小姐這一串的反應是出於害羞。「啊，只是有點心動而已啦，完全不知道對方是否對我有意思，我也無法清楚說出喜歡到什麼程度。」

據朱璃小姐表示，彼此是透過飛靶射擊認識的。會出於興趣而參與競賽的人其實有限，而且競賽時大家會長時間待在同一個場地，因此結緣。起初並沒有特別的想法，但愈來愈在意起對方。

「就是會忍不住想到那個人吧。」

「……是啊。」不知為何，我覺得很開心。

接下來朱璃小姐的聲音略顯薄弱。「說來丟臉，我完全沒有那方面的經驗，甚至覺得這輩子可能就是一個人。實在是太久沒談戀愛了，萬一真的交往然後要發生進一步的關係時，都這把歲數了還很生疏，對方應該會覺得排斥吧，感覺有負擔。所以我才想稍微練習一下。」

蕾絲邊應召業有趣的地方在於，實際接觸後才會發現，很多客人並非女同志身分。而且搞不好非女同志反而占多數。即便有情慾，但要與不具戀愛情感的男性發生肉體關係，大部分的女性還是會覺得抗拒與不安。有些人則是對男性本身感到警戒或恐懼。而且對象是男性時，言行舉止就必須表現得女性化，這點也讓有些人感到壓抑。必須處於被動立場、必須假裝高潮，無疑就是壓力的來源。女性想要主動享受這項行為的樂趣，往往伴隨著阻礙。正因如此，很想與人有身體上的接觸時，才會找上蕾絲邊應召。

朱璃小姐的聲音很開朗，就像卸下重擔般輕盈。不，或許這是明確釐清自我目的之人，下定決心的象徵也說不定。「可能沒什麼人會像我這樣，把應召小姐當成練習的對象。」

「不會啊，我們很歡迎的。反而聽說這類型的客人還挺多呢。」我牽起朱璃小姐柔軟的手。

「先試著適應這樣的狀況，然後發自內心覺得跟某人做這件事應該會很愉快，光是這樣叫應召這件事本身就具有意義。」

「那我就放心了。所以我也沒有希望什麼特別的服務。上回那位小姐為我做了很多，但我自己也不曉得什麼才是正確的。」

「我認為性行為沒有所謂的正不正確。目標應該放在自己能放鬆享受這件事上。」

我溫柔地撫摸朱璃小姐散發著光澤的微溼黑髮，接下來是小巧的耳朵。肌膚有趣的地方在於，被觸摸過的地方與未被觸摸之處的質感會有所變化。被觸摸的部分會變柔軟，就好像皮膚表面的薄膜剝落，顯露出某種特質般。肌膚之親，真的是很貼切的表現。

「那也很久沒接吻了嗎？」

「啊，這麼說來好像是耶。」

「那我可以親妳嗎？」

我迅速靠近黑髮下低垂的臉孔，並貼上她的雙唇。朱璃小姐的嘴唇相當有彈性，並能感受到嘴唇後方碩大牙齒的存在感。就像用話語交談般，以嘴唇來抒發情感。在我以唇輕咬與輕吻的反覆攻勢下，朱璃小姐終於顫巍巍地張開嘴巴。與我交纏的手稍微抖了一下，又再度確實地緊握。在昏暗的氣氛下，十指緊扣的溫度從遠方緩緩地傳向周身。能獲得朱璃小姐這份純情與愛慕的對象，相信一定很幸福。

默默地互吻一段時間後，我靜靜地收回舌頭，並注視著朱璃小姐。溼潤的嘴巴帶著一絲涼意。「可以再進一步嗎？」她像個孩子般地點點頭。

19點左右，當我獨自一人走在新宿站附近時，包包裡的手機震動了一下。久住傳LINE給我。「辛苦了！第一次出任務如何？」我迫不及待想分享，迅速滑動手指回覆「非常有趣！」

回想起才剛分開，踏上歸途的朱璃小姐。在這件事在我心中不知為何已成回憶。她會從新宿站回到離住家最近的車站。在平日的這個時段，車站前擠滿了準備返家的人潮，大家都行色匆匆地趕往應該回歸的所在。「今天很謝謝妳。真的很開心能見到妳。」朱璃小姐背對著新宿車站炫目奪人的燈光洪流站著，我看不清楚她的臉。被風吹起的一根根黑髮皆包覆著光的粒子，彷彿拋光般充滿亮澤。我緩緩地眨了一下眼。在她無所察覺的情況下，輕柔地將這份萍水相逢的緣分切斷、放開。依依不捨這種情緒，只要我自己感受到就好。道完謝後，她頭也不回地消失在熙來攘往的人群中。

我刻意繞遠路，在周邊走一圈後才回到新宿站。對所有景物視若無睹，只是走路活動身體。手機再次在我身側震動起來。一看又是久住傳來的聯絡。充滿朝氣的綠色畫面所釋放的光芒簡直已達刺眼的程度。「不好意思，收到下一個預約了。日期是下星期四，地點在客人家裡，所以要請妳跑遠一點，沒問題吧？」

下一名客人，真紀小姐的指定地點為她的住處。久住交代「只要有任何狀況請馬上跟我聯絡喔。我會立刻飛車趕到，包在我身上！」話雖如此，出了新宿站轉乘私鐵，每遠離市中心一站，就更加深我的不安。只能透過視線追著出現在電車車窗中的純樸住宅區景致。在這一大片住家中，哪一間是今天的工作地點呢？身軀隨著電車大幅地搖晃，過了好幾站後抵達對方所指定的車站。下車後只覺得這裡就是非常普通的住宅區，從主要的商店街彎進小路，看到小朋友們正在路邊玩傳接球。朝著目標住家前進，走在和煦夕陽映照下的小路時，甚至令人忘記自己來這裡的目的。手機地圖所顯示的地點是位於彎彎曲曲路徑上的某間透天厝。抵達後發現，這裡怎麼看都是普通的民宅，從入口還可隱約看見晾在檐廊的衣物。總之還是得進門才會有後續發展，按下了玄關對講機的門鈴。過了一會兒才有人回應。

「你好～？」

「我叫 Mitsu，是您今天預約的小姐。」

「啊，請等一下。」

聽到有人往這裡走近的聲響後，大門倏地打開。一名嬌小女性探出頭來。視線稍微朝上看著我的這張臉脂粉未施，綁著側邊低馬尾的棕髮已微微冒出黑色髮根。服裝為簡樸的粉藍色針織衫，下身則是方便活動的工作褲。年紀大概40歲左右吧。她操著略顯沙啞的嗓音對我說道：「我一直在等妳呢。請進。」

我低頭示意，隨著她進入玄關。從住家的寬敞度來推敲，就算是有孩子的家庭也一點都不奇怪，但未看見兒童鞋，反倒有雙男性皮鞋擺在一旁。這雙皮鞋所散發的存在感，深深映入我的眼簾。不知真紀小姐是否不擅長收拾整理，走廊放滿了東西，通過時必須留意避免踩到。經過廚房來到客廳後，感覺很像是廠商贈品的坐墊出現在眼前。似乎是為我準備的。在我正襟危坐等待時，她從廚房端出應該是預先準備好的麥茶。茶很淡有股獨特的氣味，就是陌生人家的茶水味道。

真紀小姐也拿了一個跟我腳下完全不同風格的坐墊墊在臀部下。一坐定後，她立刻大動作地低下頭來。「今天真的很謝謝妳來。這裡很遠吧。」我連忙深深地鞠躬回應：「不會不會，我才謝謝您邀請我來府上。」真紀小姐目不轉睛地俯視著我的舉止後，平靜地說道：「在開始之前，請聽我說一件事。」安置在廚房的大型冰箱開始發出低鳴。

「其實，我沒辦法做愛。」

「咦？」

「啊，對不起，沒頭沒尾的。」

她眨了好幾次低垂的眼眸後才抬起臉。坐在我對面的真紀小姐的瞳孔，在慵懶隨興的瀏海襯托下，呈現出清透的紅褐色，正注視著某事物。「我罹患了子宮方面的疾病。這已經是四年前的事了。」她對著某處說出這句話。話題無可避免地落在這個方向上，我也逐漸被吸往其中一個角落。

「我跟丈夫已經在一起十二年了。在我生病的那段期間，他也一直陪伴在我身邊扶持我，跟我一起對抗病魔。不管是生病前還是生病後，我都很愛他，他是我最重要的伴侶。我對他的感情毫無改變，或許我們的關係就像戰友那樣，反而變得更緊密而難以分離。不過，自從我生病後，就無法再做那件事了。」

夕陽光輝從面向庭院打開的大窗，以及緊緊拉上的米色窗簾縫隙照射進來。映照在柔軟布料上的光線讓人感受到其力道與威勢，顯得燦爛刺眼。再過不久就是初夏。真紀小姐的目光看向一片虛無。被陽光占據的明亮空間中，只有灰塵彷彿按捺不住般地在空中閃閃爍爍地游動。

「生病後我還是有性慾，我丈夫也是。但就是沒辦法做。能讓他放進來，可是我就是會覺得恐懼。」

「比方說只是撫摸的話也不行嗎？」

「一開始我們也有試過，還上醫院諮詢要怎麼做才能在手術後恢復性生活。而且撫摸後就會想做不是嗎？儘管我們性致高昂，但彼此卻無處發洩。我丈夫也逐漸變得不再碰我。因為他怕自己這樣做會害我疼痛、導致我勉強自己，或是害我受傷。看到他這樣我真的很不忍。雖然病已經痊癒了，但這道陰影還盤踞在我們之間。做愛時彼此就會想到生病的事，所以自然而然地就沒了性生活。」

這對夫妻深愛彼此，所以才沒辦法做。

真紀小姐的表情其實是明亮的。「我們討論了很多，最後決定就將這件事外包。兩個人勉強做這件事，只會讓彼此痛苦而已。我們的感情是建立在肉體關係之外的，所以才能這樣。」薄薄的嘴唇微微一撇，她接續道：「今天是我丈夫外包的日子。雖然不必刻意跟他安排同一天，但就是想這麼做。」她害羞地笑了笑後，微側著頭地看向我。彷佛說著，就看妳有沒有辦法跟我做了。我伸出手臂，牽住她有點浮筋的手。

「真紀小姐，我們到床上去吧。」在我手心的指尖稍微顫動了一下。我重新握住她的手，彷彿緊緊包覆著她般，以藉此來表達我的意志。真紀小姐緩緩地眨眼表示同意。

「可以借我沖一下澡嗎？」

借用浴室，簡單地做一下準備。洗完澡擦乾身體後，重新穿上原本的內衣，前往她所指定的二樓寢室。依照她的說明走上樓梯來到右側盡頭處，看到應該是寢室的房門關著。敲門獲得入內許可打開房門後，看見真紀小姐就坐在床側。房間內帶點灰塵的味道，以及充滿祕密的他人氣味。我微微一笑。接著定定地端詳她一番後，慢慢向她靠近。我伸手輕觸這張細瘦的臉蛋，以及宛如小雕像般的下巴。接著將手移至脖子，大拇指則輕貼著她的唇。動作若即若離，僅憑著溫度與觸感來溝通。既非撫摸亦非掠奪，就像悄悄認同對方的存在般，透過雙手加以確認。當我觸摸到她薄薄的眼皮時，她的睫毛微微顫動了一下。真紀小姐的手在黑暗的半空中摸索，接著搭上我的肩膀與側頸，全身肌膚隨著伸展開來的雙手而放鬆並全然交付。撫摸與被撫摸同時進行，有一瞬間甚至分不清楚究竟是誰摸誰。我跨坐在床上看見幽暗床頭擺著兩只枕頭。一只套著花紋枕套，另一只則是素面但尺寸稍微大一些。我看向在我下方，雙眼溼濡彷若求救般凝視著我的真紀小姐，低聲詢問：

「可以摸下面嗎？如果覺得痛或難受，請立刻跟我說喔。」

我解開已經起皺的工作褲鈕釦並將其脫下，接著由下往上地褪去她的針織衫，黑色內衣露了出來。輕柔地將嘴唇貼向蕾絲內衣上方，因地心引力影響而稍微下垂的脂肪。

在嘴唇觸碰到肌膚的那一瞬間，下方的肋骨與腹部肌肉也隨之一震。身體真的很誠實。就算能以表情、話語或聲音來偽裝，但身體所發出的細微信號與反應卻是無法掩飾的。只要有心觀察就一定能發現蛛絲馬跡。就像追蹤線索般，我持續撫摸有所反應的部位。當我一根一根地親吻著肋骨時，真紀小姐的身體不斷地大幅深呼吸。骨頭可是意想不到的敏感帶，予以撫摸時，也會帶動其他部位產生細微的震顫與反應。

當我將手伸往下半身時，真紀小姐身體稍微往旁一扭。在褪去下半身衣物的過程中一切突然變得很寂靜。背負著祕密與禁忌的沉重壓力悄悄地流往黑暗裡。我維持雙手撐著床鋪的姿勢，一個念頭一閃而過：這項行為或許是一種寄託，承載著她的情意並捎給時刻記掛卻無法在場的那個人。我悄悄地調整氣息，輕輕地滑動雙手。從大腿內側開始觸摸，接著輕柔地撫摸鼠蹊部。待僵硬的身體再度慢慢放鬆後，轉往私密禁地，以最輕柔的力道伺候。剛開始緩緩撫觸以消除其不安，接著搭配好幾種方式逐步探索。不斷調整觸摸點與手指的速度和強度，再針對有反應的動作緩慢重複數次。真紀小姐的呼吸隨著我的動作變得急促起來。

「還承受得住嗎？」

為了詳加確認其反應，我湊向她的臉，真紀小姐在點頭的同時伸出手臂，牢牢抱著我。我以耳畔所感受到的紊亂呼吸之輕重緩急為線索持續攻勢，真紀小姐原本撫摸著我的側頸，但手的動作漸漸慢了下來，接著逐漸轉換成用力抓住我的姿勢。當她用力摟住我的頭時，微微拱起身體，迎來了高潮。

「我第一次跟女性做這種事，女人的肌膚柔軟，觸感很好。我不敢找男人來，而且覺得那也不是我想要的，所以才請妳幫忙。」

我伸手抱住真紀小姐離開棉被後看起來似乎很冷的肩膀。在慾望燃燒過後被人觸摸是很美好的，因為只剩無盡的溫柔。

「相信您一定鼓起了很大的勇氣。」

「在我下定決心之前真的猶豫了很久。」

「很多客人跟您一樣，煩惱了很久之後才決定找我們。」真紀小姐的視線朝著上方一動也不動。我扶她起身，端詳著她的臉時，她的眼睛凝視著某一點，眼淚從眼角滑落。她無聲地哭著。

「對不起。實在太久沒被任何人撫摸過。甚至讓我覺得可能無法再跟任何人有身體上的接觸。我再次體會到，人的肌膚好溫暖，真的很好。」

我沉默地伸出手，輕輕地將真紀小姐擁在懷裡。嗚咽與淚水、痛哭與孤寂，藏在心中不讓任何人知曉的情緒，全被我擁入懷裡。我在這個人的人生中起不了任何作用。可是我能與之交流接觸，能透過皮膚與皮膚之間的貼合來寄託情感。我不再說話，只是抱著真紀小姐直到時間結束。

「喔～這麼說來，感覺她是把妳當成老公的替身耶。」

在初夏過於明亮的陽光照耀下，久住漫不經心地說道。五月中旬，我與久住在池袋太陽城附近一家挑高設計而且有玻璃天花板的咖啡館見面。我們每幾月就會進行一次面談與意見交換，自入行一個月後這便成為例行公事。不過實際上並非什麼嚴肅正經的討論，通常都是久住聽完我的報告內容後有一搭沒一搭地閒扯一番而已。這個月還有兩件預約，讓我可以多累積經驗。不知是否因為我這個新人表現得還算不錯，所以久住的心情很好，甚至邊看著外頭哼起歌來。

「我總覺得，既然夫妻感情那麼好的話，沒有性生活也無所謂不是嗎～？」

「話是這樣說沒錯，但這次的經驗讓我覺得，性事對夫妻生活而言或許自有其無可取代的地位。而且為了避免讓對方有所期待，就連觸摸這件事都會變得很困難。」窗外的道路曝曬在陽光下，顯得白晃晃。映照在道路上濃密又清晰的影子隨著行人的動作而速速消散。該怎麼說呢，我無法順利向久住表達那天在那當下所感受到的事物。

「這位客人或許的確將我當成丈夫的替代品，不過我認為，蕾絲邊應召應該無法用來取代某人的角色才是。」語畢我抬起眼喝著柳橙汁，久住則挑起了單邊眉毛。

在蕾絲邊應召工作對我而言究竟具有什麼樣的意義呢？讓我意識到這一點的則是千

佳小姐。在這個業界工作後最有感的就是，真正主打的女同志客層少得令人意外。千佳是前來找我的對象當中，少數自覺是女同志的客人。

初次與千佳小姐見面時，她拖著一個大型行李箱。地點在新宿，約14點碰面。她戴著一頂遮住眼睛的帽子，明明已是初夏，手邊卻拿著一件開襟衫。

「東京比想像中的還熱呢。」她如此說道，嘴角則微微冒汗。「我還以為只要到巴士轉運站，輕輕鬆鬆就能找到見面地點。沒想到居然會這樣人擠人，完全不行啊。真的會讓人很不耐煩，這就是大都市呀！」直率的說話方式，讓我也忍不住跟著微笑。今天的賓館交給我來決定，因此她喀拉喀拉地拖著龐大的行李跟在我身後。千佳小姐很活潑，一頭短髮，紅框眼鏡下的雙眼閃閃發亮，而且很愛笑。個性應該原本就很開朗，可能再加上從家鄉來到東京的解放感，讓她的情緒更為亢奮。

「東京真的很前衛耶，居然有這樣的服務。在我們那裡絕對沒辦法開這種店，就算有，我也不敢去，怕會穿幫。」聽到我說看來妳做了很多功課呢之後，千佳小姐得意洋洋地表示，從很早以前便決定要來體驗看看。她乘勝追擊似地輕鬆說道：「這週我老公難得出差，而且剛好又有親戚做法事，正好有機會來這裡。所以才想說不能錯過今天！」這回或許沒有必要旁敲側擊地探問，因為她很樂意分享自己的事。

千佳小姐已在家鄉結婚，今年邁入第八年。先生任職於製造公司，夫妻關係似乎也不差。儘管如此，千佳小姐卻表示自己天生就是喜歡女生。「我從以前就只喜歡女孩子。一不小心目光就會追著女生跑，就連初戀也是。讀高中時，還一直暗戀一位超喜歡的學姊。我讀女校，當時還曾懵懵懂懂地想著，或許我能一輩子像這樣喜歡女生。現在回想起來，自己根本什麼都不懂。」

就讀短期大學時為了避免顯得格格不入，曾試著跟男人發生關係。千佳小姐的聲音依舊顯得開朗快活，甚至差點令人忘記潛藏在往事背後的事實有多沉重。

「我原以為只要試著交往一次，應該就有辦法跟男人在一起，可是，這下我才明白，我終究還是喜歡女人的啊，而徹底推翻了之前的想法。」話雖如此，直到現在，地方女性在社會上的立足方式仍幾乎與結婚畫上等號。大家都很早婚，據說隨著年歲漸增就會被貼上「嫁不掉」的標籤而很難抬起頭。短大畢業後開始在家鄉當地的製造公司上班時，周遭的情侶們都已經完成終身大事。就在她不知該如何是好，內心十分焦慮的時候，遇到了現在的先生。他們原本任職於同一個職場，千佳小姐以往並未特別注意過他，但收到他的告白。「當時也不是說非常喜歡，只是在一起也不會覺得討厭。與其說是男朋友，倒比較像是哥兒們。後來帶他去見我的父母親，他們也覺得滿意。我心想，跟這個人在一起應該沒問題，所以就這樣順理成章地結婚了。」

她目前32歲。夫妻倆住在新建的獨棟住宅，還養了一隻玩具貴賓狗。我並未對她說出妳很幸福呢這種話。在她纖細的睫毛下浮現出濃密的陰影。「其實父母親已經開始催我生孩子，身邊的朋友也一個接一個的有小孩，結婚卻沒有小孩對她們來說是很不可思議的事。因為我很排斥的緣故，所以也不常愛愛。我老公似乎覺得不夠滿足。我很想就這樣裝死，可是現在的狀況可能沒辦法再這樣下去。」

我忍不住將目光轉向新宿眼花撩亂的街景。這座城市對性少數者而言，算是東京內比較友善的地區。前往二丁目就有女同志酒吧，也有小規模的同性戀社群與活動。近幾年來媒體也開始報導有關ＬＧＢＴ的概念與其所面臨的困境，對經常掛在社群網站的人而言，甚至會覺得這些資訊不過是最基本的常識而已。然而，這只不過極少數的現象罷了。像她所生活的地方都市，這樣的群族依然很難見得了光。

我告訴千佳小姐，再往前走也有女同志酒吧，她第一次面露尷尬地笑道：「我不抽菸，幾乎滴酒不沾。我喜歡有趣的事物，但一大群人狂歡這種事，老實說不是很能接受。那種店，基本上就是要這樣玩嘛。我不知道該怎麼做才好，就算去了可能也難融入吧。」在預告著夏季即將到來的陽光照射下，可以看到她略施脂粉下的肌膚，以及顯得直挺瘦削的側臉。

「再說，明明是女同志卻跟男人結婚，是最被唾棄的行為。不明就裡的人會說，既然都能跟男人結婚了，那就不算女同志吧；同為女同志者，則會把我視為選擇逃往「安逸之路」的叛徒。沒有人會問我究竟出於何種想法才會做出這樣的選擇。」

我突然想起之前在酒吧所遇到的女同志所說的話：

「都說如果能跟男人睡的話就不是女同志，可是如果跟男人在一起卻完全沒發生什麼事的話，妳知道會被怎麼說嗎？『這只不過是妳沒遇到真正喜歡的人罷了，不管男人還是什麼對象都行，反正不先交往看看是不會知道的啦』。」我趁著千佳小姐不注意時悄悄嘆了口氣，抬頭望著位於坡道上宛如摩天樓般巍然聳立的愛情賓館區。

「對，好的。」

完事後，我換好衣服照鏡子檢視妝容再走回床邊時，千佳小姐仍躺在床上與某人通話。手機所發出的藍光冰冷地照著她的肌肉與脂肪，在她的眼瞳深處則閃爍著光芒。講完電話沉默半晌後，她突然抱住我。肌膚在那瞬間顯得冰涼，不過肌膚下的骨頭與肌肉卻緩緩地散發著溫暖。「Mitsu小姐，我可以再多跟妳相處一會兒嗎？」「當然可以，只不過要加延長的費用，妳可以接受嗎？」「嗯。」千佳小姐將頭埋在我的胸前，我看不清楚她的表情，冰冷的雙手抓著我不肯放開。「必須多付費也沒關係，我暫時只想這樣。」我無法解救千佳小姐，也無法為她改變狀況。只能共感她活在這個大環境下的苦痛，並陪著她承受而已。我任由千佳小姐予取予求，撫摸著她柔細宛如貓毛的頭髮。

要思考如何以女同志的身分在社會上生存下去，就不能不提到悠小姐的存在。

我與悠小姐約在池袋站前會面，她一見到我便揮手相迎。

「哇～！是Mitsu小姐嗎？妳超可愛的！覺得很開心耶，我說真的。」

我忍不住覺得害羞，她的態度友善，直率又不至於失禮。負責提供服務的一方總會無意識地帶著戒慎恐懼的心態，而她則會貼心透過笑容與對話讓對方卸下心防。在前往飯店之前也一臉開心地上前挽著我的手。一問才知，悠小姐平常是上班族，週末則在新宿二丁目的女同志酒吧擔任一日店員。服務業老手往往具有這樣的特徵：對於拉近距離很有一套，但手法完全不令人感到厭惡。悠小姐讓人感受到單純的好意與暖意。灰色T恤配牛仔褲的穿搭、一頭中長褐髮，以及相當符合她個人特色的圓滾滾笑臉，感覺就像是親戚家的姊姊那樣。記得她預約時填的資料為43歲。或許是平常便處於經常發言的立場，所以悠小姐毫不掩飾地向我透露自己是女同志的事。

「我從二十幾歲開始就一直參與有關女同志的，現在稱之為社群？的活動，不過像Mitsu小姐這樣的類型倒是第一次遇到。」

我忍不住發問。因為很想知道女同志如何在不隱瞞性向的情況下走過歲月。在日本，LGBT族群的存在開始廣為人知，而且受到注目的時日其實還很短。或許悠小姐的分享能為活在沒有榜樣可供借鏡的這個社會下的客人們，提供不錯的參考案例。據聞悠小姐所屬的社群團體有數十名成員，年齡下至30世代上至60世代都有。

「這是從很久以前就默默存在的團體。妳看，現在男同志、女同志之類的「LGBT風潮」似乎搭上主流列車，可是在從前，這些人能去的地方相當有限，所以這裡才會聚集了各種階層的人。畢竟在直人（異性戀者）居多的環境下無法說實話，就算要說，也必須從頭開始解釋起，不覺得這樣很累嗎？不過，如果能在以少數者為主體的環境下找到自己的容身之處，我認為就算是女同志也能活得很好，只要想想在這裡的這些夥伴，感覺就能獲得勇氣。」

同性戀者要找到人生典範並不容易。然而，若能近身目睹面對自身性向努力過活的夥伴時，就算沒有榜樣可參考，或許也能學著肯定自己的人生。悠小姐表示希望自己所打造的這個地方，能為下一代人提供一個據點。

「希望我們做的這些事，能夠在某些地方幫到某些人，這麼做其實自己也能獲得救贖。雖然整體規模還很小，但最近陸續有新的年輕人加入，就連直同志們也說『想把這些狀況當成『自己的事』更積極地發聲，而紛紛參與進來。最近我們也有舉辦女同志的交流活動，每次都吸引蠻多人來的喔。」近年來網路上也漸漸出現性少數者的配對服務。地方都市的人選較少，要找到這樣的對象似乎挺不容易，在都市的話選擇範圍會大一點。從結識對象的觀點來看，都會與鄉下的性少數者所面臨的環境依舊存在著落差。

快接近池袋西口公園時，景色頓顯開闊。我側目看著噴水池，丟出藏在心裡很久的疑問。「我從事蕾絲邊應召業大概有半年的時間了，我發現自覺是女同志的客人出乎意料之外的少。像悠小姐這樣熟悉二丁目的人，我還是第一次遇到。」

悠小姐只塗著唇蜜的厚唇往兩旁一咧。「噢～這很正常啊。畢竟會來二丁目的人，應該不太會利用這種服務吧。」

女同志的聚會也會根據地點與活動內容，吸引不同階層的人參加。像是網聚或一次性的活動會分別設定不同的主題，有不少活動甚至是限定年齡與性角色的。由於大家是衝著感興趣的主題而聚在一起，因此這些聚會最大的特色就是不怕沒話聊。夜店定期舉辦的活動，固然具有一次能認識各種人的魅力，但對於不愛喝酒與震耳欲聾音樂的人來說卻有點難以接受。再加上，無論是一次性的活動，還是夜店辦的活動，往往只是一時的邂逅，難以延續下去。

如果想建立長久穩定關係的話，像悠小姐那樣固定前往新宿二丁目是最快的辦法。只不過，聽說新人要打進這個圈子的難度頗高。而且，大前提是必須明確釐清自身的性取向，自己也搞不清楚，或自覺是同性戀的時日尚淺的人很難待得下去乃美中不足之處。還有一項特性，由於是小規模的社群團體，任何消息都會在這個圈子裡傳開。

悠小姐的視線追著斑馬線對面閃亮亮的霓虹燈光說道：「正因為我混二丁目，所以今天才想找妳。」話題在不知不覺間導向了她今天來相見的理由。

「其實我有個交往很多年的女朋友，但是在幾個月前吹了。我們還曾一起在酒吧工作，終究還是分手。我以為能一直這樣跟她在一起，可能是我對她的用錢方式或家人問題管太多也說不定。然後分手後那方面也跟著高漲，畢竟一直以來都有她陪在我身邊。」我隱隱約約能察覺到她所說的狀況，但並未插話。我不能擅自解讀，只能等她再次開口。

「不管是男同志還是女同志，妳也知道這個圈子就是很小嘛？所以誰跟誰交往、分手完全都包不住的。可是又不想被別人認為自己分手了所以在找下一個，真的很不想把這種事牽扯進朋友圈內。一方面可能也是故作堅強吧。」悠小姐轉頭看向走在一旁的我。彷彿看著什麼炫眼東西似地瞇起眼。「我們不比直人，要找到下一個對象其實很難。可是又壓抑不住很想跟誰做的情緒，就在我不知道該怎麼辦才好的時候，正好在網路上找到妳們的網站。」

我大大地點頭。無論是誰，在分手過後總會感到孤獨，認為自己可能從此孤伶伶一人，若是性少數者的話，這份絕望感只會更深。甚至會覺得在這個地球上，已無人能與自己交心。悠小姐面對著自身的孤獨，卻顯得開朗。

「有時候就是會莫名想要臉紅心跳一下，畢竟一個人實在很寂寞。可是也不能因為寂寞就隨便亂找人，我不喜歡那樣，也很討厭那種看妳寂寞就趁機接近的人。話雖如此，我現在的心情還是只能用寂寞來形容。就算拿掉性慾這項因素，答案也不會變。所以我今天才來找妳。在網站上雖然不知道會是什麼樣的人來赴約，但我現在已經覺得能遇到妳真好。感覺妳很認真看待我的情緒。」

寂寞是從事這份工作必然會遇到的情感。對自己的寂寞有所自覺的客人很少，可是言談之間卻藏不住這樣的情緒。寂寞的理由與程度因人而異，無法一概論之。而且或許連本人也不明白為何會這樣。正因如此，這份工作自有其存在的必要。

我拉緊挽著我的這雙手，感受著人體的溫度與悠小姐的氣味。我們兩人並肩走著，再次環視再熟悉不過的池袋街景。相信在這座城市裡，一定滿溢著寂寞。來來往往的人們，無論是誰皆面無表情，佯裝毫無欲望地穿梭走動。到處都有不被任何人知曉，有時甚至連那人本身都不曾觸及的各種故事。

不放棄自己的性需求、確實接受自身的情緒，這就是她教會我的兩件事。

悠小姐邁開堅定的步伐走在她平常不會出沒的池袋街頭。看著她開心地討論要請我幫她做哪些服務時，我的心則被某個想法占滿。那既是向願意對我敞開心扉的悠小姐致意，同時也是今後我該落實的目標。

5　在池袋的咖啡館，接下突如其來的掌管新店任務

打開電腦透過關鍵字搜尋，接著出現的畫面是僅著內衣扭腰擺臀的小姐們……不，是以文章為主體走沉穩路線的網站。版面配色明亮到讓我瞇起眼，忍不住將畫面上所看到的文字唸出聲來：「初蕾絲的保健室」。「初蕾絲」的「保健室」是久住最近才推出的服務。這是與初蕾絲分庭抗禮的姊妹店，最大的特色就是主打「談心」。服務內容與一般的蕾絲邊應召業一樣，分為單純吃飯出遊的約會套餐，以及包含性行為的玩技套餐這兩大類，無論搭配什麼行程與鐘點數，都能享受到重視對話的服務。這是有鑑於客人希望能找人訴說、商量、詢問意見的需求而設立的服務，據久住表示，他是在每個月聽取我的工作報告後產生了開一家這種店的想法。

上個月，一如往常般在池袋的咖啡館向久住報告月底業績與當月回顧時，他毫無預

警地詢問我的意願——我想開一家新店，並請妳擔任接客小姐與店長。

「剛開始經營蕾絲邊應召的時候，我覺得比照男性用的方式來經營就可以了，但是聽了妳所說的內容後，才察覺到不是像我想的那樣。男人會以自己喜歡的外型來挑小姐，只要有技巧，可以發洩出來就好。但是女人對於要把自己的身體交給來歷不明的人會感到不安，而且本身其實也不瞭解自己想怎麼做、有什麼渴求。所以提供服務者就必須好好給予協助，而妳在這方面是個高手。」他邊說邊在桌上攤開手。看起來倒像稀世罕見的輕佻創新者那般。

「我們不是替客人給答案，而是幫助她們做出答案。在她們思考的時候我們會耐心等待，也不會亂出主意。就算客人最後做不出答案，我們也全盤接受。我覺得妳這身本事，很有市場需求。新店就以初蕾絲姊妹店的型態推出，然後以心靈處方箋、保健室為定位，妳覺得如何呢？這不是要妳提供什麼新的服務，只是會個別架設網站，然後以獨立的形式請妳做同樣的事而已。我想暫時就由妳獨自負責，先看看客人的反應與迴響，這樣妳也不必管理其他小姐。」

久住平時看起來一副嘻皮笑臉、玩世不恭的模樣，但讚美人時會解釋得非常清楚，沒想到他對人如此觀察入微。久住的店規模不大，卻能在業態不穩定的蕾絲邊應召持續經營站穩腳步，或許與他的為人也有關係。他能看出我在無意識間所付出的各種努力，真的很令我感到開心。我忍不住身體往前探向桌面。

「我要接，我想做這個工作。我想，會上門的客人，應該是想尋求能陪自己一起思考混亂思緒的對象吧。情感和欲望，很難單憑自身看清而且說出口。而且，保健室這個名稱非常貼切。保健室給人的感覺，就是不舒服隨時可以去，而且不會被罵。」

當與人聊到自己在蕾絲邊應召業工作，提供哪些服務內容時，有些人會如此對我表示：

「妳做的這些感覺很像是心理諮商耶。」

或者是「別在色情業當小姐，轉行當諮商心理師不就好了？」

他們似乎是看好我的能力才這麼說的。不過，我總是委婉地拒絕這些提議。因為在心理諮商機構並無法進行我現在所做的事。像是「只是想跟誰說說話」這種程度的人、自身缺乏病識感（對自身疾病的認識）的人，要在專業機構諮詢有關戀愛、身體煩惱、人際關係、性取向等問題的心理難度非常高。當事人會找上專業機構，經常都是等到問題已經大到一發不可收拾的階段才去求救。再說，前往專業機構能獲得解決對策的諮詢者其實有限。而且最大的癥結點在於，診所或心理諮商，會站在希望患者好轉的立場而要求他們付出行動以求治癒。這世上沒有不具目的的醫療，不以治癒為前提的治療是不被允許的。

蕾絲邊應召的優勢在於色情業這塊招牌，還不知道自己想怎麼做、心靈沒有歸宿的人們就會轉而找上我們。以前我曾舉辦名為「探討女性之性需求與蕾絲邊應召業」的小型活動。我以當事人的角度切入難以窺見實態的蕾絲邊應召業現況，並向與會者說明女性的性需求所面臨的處境。原本我就想跟客人以外的人分享透過這份工作所學到的知識與經驗，也因此成為舉辦這個活動的契機。藉由這次的活動我發現，就連主動前來這個以性為主題的活動參與者，對於談論性這件事仍具有很強烈的抗拒感。儘管如此，當有人率先開口，或有人提供傾訴的機會時，各種藏在心裡的煩惱與不安，有時甚至是陰霾都會紛紛被宣洩出來。大家會異口同聲地表示：「我一直以為只有自己有這些問題。」「我從未向人說過這些，但其實一直渴望有個能讓我輕鬆聊聊的地方。」

自己辦這個活動其實沒有想太多，能獲得這樣的評價讓我受寵若驚，而且也再次體認到，女性沒有一個可以分享有關性方面煩惱的場所。

開始在久住所經營的蕾絲邊應召工作已經過半年。我依然交出紅箭頭往上衝的排名成績，上個月在站內的業績也是數一數二。我終於漸漸掌握這個工作的要點。重點在於，與其熱心插手，倒不如靜觀守候。傾聽當事人所言、貼心陪伴。答案是由客人本身導出的，就算在當下找不出結論也無所謂。人無法拯救他人，可是或許能幫忙帶來某種契機，使其覺得可以再試著多活一天看看之類的，既平凡又微小的契機。久住的提議無疑是具體化了我內心的想法。

久住一臉滿意地看著我的臉說道：「那就這麼決定啦！」接著吸啜著水蜜桃汁。我翻開手邊的行事曆問道：「能擁有自己的店，好開心喔。網站什麼時候會好？在幾號之前必須交出整體架構跟介紹文呢？」

不知為何久住突然露出一臉身體欠安的表情。「啊，說到這啊，我們家網站每次都被妳批評設計得很爛……所以才想說，如果可以的話，想請妳操刀看看～」「啊……要我自己做？從架網站到內容設計全包的意思？」「啊哈哈，不好意思呀。妳有時間再弄就可以了。在移交期間，我還是會繼續讓妳在初蕾絲接受預約，所以還是可以接客的喔！」我收回之前說他是優秀經營者的稱讚。久住拿出手機，完全不在意我的雙眼所投射出的無聲砲火。

「對了對了，本週要請妳負責的客人有一位。我看看，客人名叫高橋，預約時就只輸入高橋這兩個漢字而已。約會套餐90分鐘加玩技套餐90分鐘，見面地點在池袋客人所指定的餐廳，說是要一起吃過飯後再去賓館。真好耶，還可以順便吃飯。偶爾也不必把自己逼得那麼緊，享受一下也無妨嘛～」我站起身由上往下看著這位笑得紅光滿面得意忘形的經營者。

客人所指定的是位於池袋主打精釀啤酒與德國料理的某家餐廳。我比約定時間提早五分鐘抵達，但高橋小姐已坐在店內後方的座位迎接我的到來。

她打開菜單，和藹地向我說道：「以前我待的公司就在這附近，所以經常光顧這家店。啤酒的種類很豐富，餐點也好吃。重點是，整家店漂亮乾淨又明亮，不會讓女生覺得不敢進來。」我感受著高橋小姐所營造的親切氛圍，不動聲色地觀察她的裝扮。白色粗針織高領毛衣，搭配藍色斜紋軟呢西裝外套，輕輕交疊的雙腿則裹著窄管黑褲，凸顯她苗條纖細的身形。手腕的圓框手錶則閃閃發亮。褐色的中短髮帶著微微的捲度，柔化了她五官較大帶點男性氣概的臉龐。無論是舉止還長相，皆散發著成熟帥氣感，不過笑起來時山根會皺在一起，表情反倒顯得有點孩子氣。她的一舉一動總令我莫名聯想到很有家教的大型犬。既聰穎又大氣，然後略顯孤獨。

高橋小姐切著送來的香腸，維持著對我百般呵護的態度。「Mitsu小姐酒量很好，可以一杯接一杯吧。想喝什麼儘管點，不用客氣喔。」這麼說來我倒想起，這次的指名條件是酒量還不差的小姐，所以久住才派我來。「謝謝您，那我就恭敬不如從命了。不過我還是想好好陪您聊聊，所以會節制著喝。」聽到我的回應後，高橋小姐露出些許感到意外的表情。「這樣啊，說得也是。那我就跟平時一樣開喝囉。」語畢，喝了一口啤酒。久住的店並未禁止在服務時間內飲酒。當然還是會謝絕爛醉如泥的客人，不過若是一般飲用量的話，大多數同業都不會多加干預。

「客人放假妳們上班，這份工作也算服務業呢。」

我毫不遲疑地回應：「個人認為這是終極的服務業之一。」

「……看來Mitsu小姐頗以這份工作為榮呢。」

我用叉子叉著馬鈴薯配菜，凝視著高橋小姐的面容。她並未注視我的眼睛，彷彿失了魂似地楞怔看著酒杯裡的啤酒泡。

「這工作真的很不可思議耶，要跟陌生人睡。啊，是說，這種服務對男人來說很一般就是了，但針對女性就會忍不住覺得這工作還真特別。賣身，的確是終極服務業沒錯。Mitsu 小姐覺得這份工作有趣嗎？」由上往下的目光隔著厚厚啤酒杯穿透而來迎上我的視線。我選擇正面承接。

「就客觀角度來看，蕾絲邊應召業或許是很奇怪的工作。這屬於所謂的性產業，自然也會被人瞧不起，也會被認為是沒其他本事才從事色情業。不過，我切身感受到很多事只有這項工作才辦得到。」

高橋小姐撐著手肘身體往前探。「比方說？」

「能觸碰到『當事人本身』，不只是身體，還包括內心。」

「透過性行為有辦法做到這樣？現在這個時代，輕輕鬆鬆就能入手A書或A片不是嗎？真的還有必須透過實際的性行為才能獲得的東西嗎？大家只不過是偶爾想找個管道發洩慾望罷了。」

「沒錯，社會上的確充斥著各種色情資訊。可是要實際認真討論切身的性話題時，大家又會視為禁忌。媒體之所以會用揶揄滑稽、充滿腥羶色的手法來處理這方面的議題，或許是出自羞愧心態所產生的反彈作用。」尚未從事這份工作之前，在大學研究性別學時我便已有這樣的感觸。日本色情文化氾濫，另一方面大家卻不肯正視性方面的問題。只管散布香豔的視覺刺激與八卦話題，卻對實際情況置之不理。有時候我們還會遇到完全沒受過基礎性教育的客人。雖然蕾絲邊應召業有很多客人是零經驗者，但我覺得這應該不單是我們這行會遇到的狀況。

我接續對著始終一言不發的高橋小姐說道：「任何人或多或少都會對性感到受傷、煩惱或痛苦，可是卻無法表明真實的想法。我認為透過性行為與對話或許能直搗這些問題的核心。」

「那方面的事有那麼重要嗎？我覺得其他要煩惱的事更多耶。」

「當然，對有些人來說，性確實沒那麼重要。即便如此我依舊認為，他們還是需要定時藉由其他方式來面對自身的情感。關於性的理想型態，每個人不盡相同，所以也有可能不符合世間一般所定義的平均或標準之類的。尤其是女人，必須從思考自身的欲求這個最根本的事項著手。由於女性在性事方面長期不被視為主體，因此不會有人關切女人究竟想怎麼做，也不太有落實的機會。女人往往抱持著隱隱的不安與匱乏感，縱然寂寞也無法表現出來。我認為，這份工作就是陪伴陷入這種狀況的客人一起來面對她們的需求。」

我一口氣說完這段話。這個人很聰明，而且莫名地警戒。我不知道她的抗拒感從何而來。像這種時候不能過度相信對方的理解力，必須字字句句說清楚講明白。高橋小姐往右偏著頭。呈現出整個身體往右傾的姿勢，直直地看著我。接著發出「嗯——」的聲響，又開始喝起啤酒。

之後，她在這間店又續喝兩杯啤酒才離開。原本我想阻止她，但最後速度實在太猛，只能任她喝了。她的腳步穩健，但眼睛則直視著遠處的某一點。十一月的池袋夜晚已冷，外面的霓虹燈彷彿膨脹般地閃爍著白花花的光芒。「賓館就選我推薦的地方好嗎？往前轉進旁邊那條路後，就有一家價格實惠又乾淨的賓館。」她聽完後只是一臉心不在焉地回答「嗯。」

辦完入住手續進入狹小的房間後，高橋小姐隨即表示「我先去沖澡囉。」完全不看我一眼地邁向浴室。我將自己的包包挪到一旁，坐在床邊的沙發上。等待是需要耐心的，這點放諸任何事皆然。

見她穿著浴袍回到房內後，換我進行準備。當我從浴室出來時，高橋小姐雙腿交疊地坐在沙發上。我悄悄屏住氣息向她靠近。我總覺得，比起性行為本身，要拉近與對方距離的這一瞬間更令人緊張萬分。當我執起高橋小姐垂放在浴袍前的雙手時，她顯得有些動搖。「我們到床上去吧。」我發出喃喃細語，她卻一語不發。「還是，就在這裡做？」

她完全不肯看我，我只好將身體轉回正面坐在她身旁。高橋小姐的身體微微動了一下。我稍加調整口吻後問道：

「有什麼事讓妳感到不安嗎？」

在對話過程中，丟出籠統的提問是相當重要的。還無法捉摸對方的情緒時，隱晦的詢問更勝單刀直入的提問。垂落在話語這片黑暗中的一滴水，會形成波紋擴及至內心未知的地方，流轉的念頭會隨著掀起的漣漪而說出口。「這算是……不安嗎」她的眼瞳彷佛注視著尚未成形的水面般波動著。「……我受不了有人碰我的身體。」她定定地看向空無一物的床鋪前方，彷彿自言自語般地說道：「要做這件事，我總是莫名感到抗拒。或許我就是很奇怪吧。」

我拾起灑落而出的字句，重新排列。「原來妳對性事感到抗拒啊。」高橋小姐一逕沉默著。「我曾遇過跟妳情況類似的人。來找我的客人當中，有人是自覺沒有性慾，但又想確認事實才利用這項服務的。」

「原來也有這樣的人啊……」

每當面對新客人時，就會讓我想起至今接觸過的客人們所發出的無言的訴說。性沒有所謂的正確答案也沒有平均值，每個人皆不相同，變化萬千。即便如此，她們所帶給我的啟示，在這種時候就能發揮助力。據我推估，每個月大約會遇到一、兩位與高橋小姐情況類似的客人。這是被稱為無性戀或無性愛的人們。明明對性行為感到厭惡或抗拒卻願意利用色情服務，其目的往往只有一個——透過性工作者來確認自己是否真的沒有性慾。

高橋小姐宛如卸下重擔般，深深的呼氣聲從覆蓋著臉龐的指縫中流洩而出。「不管對任何人，我都不太具有那樣的慾望。雖然這種感受從以前就有，但我一直以為只要變成大人，找到喜歡的對象，自然就會產生情慾，可是……」

「是不是有遇到什麼挫折？」

高橋小姐的指甲因覆蓋著臉龐的手指過度出力而泛白。「……我只跟男人做過一次。」未曾被任何人打開的箱子悄無聲息地靜靜開啟。裡面裝著的是，絕望。

「那是我大學社團的學長。我很崇拜他，也覺得自己喜歡他。畢業後也會一起吃飯喝酒，後來他跟我告白，希望我跟他交往，所以才會發展出親密關係……」

「嗯。」

「直到真的做之前，我一直以為只要時候到了就能自然而然地辦到。我明明喜歡他，卻覺得這項行為非常噁心，無論是進入或愛撫我的身體，還是看著我的那種眼神，都令我受不了，覺得作嘔。在做的過程中被觸摸時感覺床上那個人並不是我，就好像從遠處看著自己那樣。雖然拚命忍耐下來，但對方似乎也察覺到我渾身僵硬，一點都不愉悅。」高橋小姐的眼睛因孤獨與憎惡而發出冷硬的光芒。

「分手時他跟我說『我實在搞不懂，我已經這麼用心了，為什麼妳就是無動於衷。反正妳不是真的喜歡我』。」

高橋小姐急促的呼吸聲在房間內迴盪。

「我也不斷回想，是不是過去有過什麼心理創傷，還是原本就對男性抱持著厭惡感，可是依舊找不出答案。沒來由地抗拒，不管怎麼試就是無法產生性慾，也不想做那件事。」高橋小姐抱著頭，我對她說想必妳一定努力做過各種嘗試，她緩緩抬起朝下的臉龐，近似融解潰散的眼神，從宛如竹簾般垂下的髮絲之間往外覷。

「其實我自己也搞不太清楚，究竟是不是真的喜歡他。或許我就是無法愛上任何人吧。我就是這種有缺陷的人。」

在缺乏性慾的人當中，也有無法對他人產生戀愛情感的人。前者稱為無性愛，後者稱為無性戀。兩者在定義上有所區別，但當事人有時會難以辨識自己屬於哪一類。因為戀愛情感往往被認為會發展成情慾，因此自身較容易有所察覺。反之，一旦未湧現情慾時，就連之前所產生的好感都會令自己存疑。

「我從事這個工作後，實際上也遇過像高橋小姐這樣的客人，而且還不少。我這番話不是信口安慰，而是基於實際體驗的感想。我認為這也是一種性取向。」我如此表達後，她首度毫不掩飾蒸騰的怒氣。「這也是一種性取向？少騙人了。不管是男同志、女同志還是雙性戀都好，說不定哪一天能獲得世人的認同。可是，無法愛上任何人、沒有性慾的人是沒辦法參與這個世界的。畢竟世上就是以戀愛和性愛為中心運轉的。無法打進這個市場的人，尤其是女人，會遭受何種對待，我想妳應該不知道吧。」

我並未回答自己大致能想像那會是什麼情況。因為，今天我應該做的就是盡全力承接她無處發洩的情感而已。為了感受在她內心深處蠢蠢欲動，規模大到可以吞噬其身體的憤怒、悲傷、混亂、屈辱與絕望，我默默地閉上眼。

持續好一陣子的哀鳴進入尾聲，細如蚊蚋的聲響從谷底鑽出。

「今後我該怎麼辦才好呢。畢竟這等於人生已經完蛋了不是嗎？」過好半晌我才發出聲音。「我不認為會完蛋，真的。一切反而現在才正要開始。」此時，宣告行程結束的手機鬧鈴聲響遍了狹小的房間。

她說想在飯店就地解散。我表示瞭解。道別之際我在房門前輕觸即將揚長而去的高橋小姐後背，藉此向她表明有我在這裡陪著她。

「今天妳願意跟我說這些，我覺得很開心。」

她不肯看我。「高橋小姐在網路上找到我，而且進行預約，我認為就已經是踏出第一步了。如果覺得不被任何人所理解時，請隨時來找我。我隨時等候，會一直在這裡等著妳的。」

她頭也不回地打開房門離去。

＊

深夜收到久住傳來的LINE。會在這個時間收到訊息相當罕見，我心想究竟是什麼事而點開查看，原來是有急件預約。「抱歉這麼晚了還打擾妳！剛突然收到預約，對方說想在明天18點見面，其他小姐都沒空，可以請妳接這個客人嗎？」

「原本我就想排明天休假，所以時間上是沒問題的。不過，這個預約也來得太突然了吧。」

「太感謝妳了！客人好像是從地方都市來東京，無論如何都想安排在星期六的樣子。19歲女孩，指定120分鐘的玩技套餐。我們這裡很少遇到這麼年輕的女生，實在有點難溝通。好像是因為她要來東京，所以鐵了心想體驗看看的樣子。實在太臨時了，沒有一家店願意接，結果就輾轉找到我們這裡來。聽到她一直求我，害我拒絕不了。」

想到那個流裡流氣的久住無法招架的場面，令我忍不住發笑。

話說回來，這次的預約者究竟是什麼樣的女孩呢？以她的年齡來看，叫應召的費用應該算是相當龐大的支出。究竟出於何種理由讓她願意花這筆錢，著實令我感到好奇。

「是Mitsu小姐嗎？我、我是預約妳的麻里奈。」

前來新宿某咖啡館會面的是一位高挑纖細的女孩。短而翹的黑髮覆蓋在臉蛋四周，看來脂粉未施的雪白臉頰會隨著笑容露出酒窩。黑色外套下搭配紅色格子襯衫與牛仔褲，腳上則是帆布材質的球鞋，一身休閒裝扮。手上則提著一只出遠門才會用到的超大黑色波士頓包。

才剛見面，麻里奈小姐就一臉歉意地皺著臉表示：「昨天臨時提出這麼無理的請求，真的真的非常抱歉。」

「不要緊的，不必放在心上喔。剛好我沒安排其他行程，所以有時間，能在妳來東京的時候見到面，我反倒覺得開心呢。」麻里奈小姐微微露出笑臉，不過單眼皮下的雙眼卻顯得僵硬。第一次來東京嗎？還有要去哪裡觀光嗎？一開始聽到我的詢問她還願意閒聊一下，但立刻便陷入不自然的沉默裡。在前往賓館的路上，麻里奈小姐也是一路低頭看地面，機械式地擺動著纖細的雙腳。為了不讓沉默造成她的負擔，我在往前走的同時無聲地靠近她。

由於麻里奈小姐表示完全沒有想過要去哪家賓館，因此我便代為挑選經濟實惠又乾淨的地方。進房後，我請她坐在沙發上，自己則先去浴缸放熱水。平常都只是沖澡而已，不過今天時間充裕，泡澡綽綽有餘。當嘩啦湧出的水聲充斥在沉默的房內時，我轉過頭對她說：

「麻里奈小姐，如果妳願意的話，要不要一起泡澡呢？」

「咦……」

「今天很冷，要不要暖暖身？裡面霧氣蒸騰看不清楚身體的，不妨泡一下。」我向麻里奈小姐伸出手，她僵住不動了幾秒後像是下定決心般地站起身。我率先脫下衣物進入浴室，先用蓮蓬頭將室內沖熱後才請她進來。麻里奈小姐因為裸身而顯得不知所措，我牽起她的手。

「可以幫妳搓背嗎？」

見她輕輕點頭後，我將起泡性佳的沐浴乳塗在她瘦削的背上。麻里奈小姐低頭盯著地板，彷彿不吵不鬧的孩童般任人洗滌著身體。洗澡的優勢在於，就算沒有視線上的交流也不會顯得不自在，還有就是能自然而然地觸摸對方的身體。我快速洗完澡後，泡入熱水已達一半水位的浴缸。由我先進來，再讓麻里奈小姐以背對著我的方式泡澡，好方便我從背後抱住她。為了避免壓到我的膝蓋，她採取了抱膝而坐的姿勢，我笑笑地拉開她的手臂。

「在水裡面不會感受到重量，儘管貼著我沒關係的。」麻里奈小姐聞言小心翼翼地將身體靠過來並表示：「總覺得……這樣不像調情，比較像是被照顧服侍。」「有點疲倦的人會這樣覺得呢。」我以手掌掬起溫水，澆淋在麻里奈小姐自熱水中浮出的細白肩膀上並逐一詢問，像是她目前的生活、感興趣的事物以及想聊的話題，以及今天為何會來找我。

麻里奈小姐背對著我，漸漸打開話匣子。她目前是家鄉當地美術大學的大一新生，主修油畫。從高中時代便在附設美術班的女校就讀，大考後如願錄取縣立大學。為了盡量不造成父母親的負擔，她表示就讀大學的這段期間會住在家裡。能夠應屆考取夢寐以求的美術大學真的很厲害呢，聽到我這麼說後，麻里奈小姐的頭往前點了點。

「其實大家都很厲害，縣立大學會吸引很多優秀的人來就讀。高中時代我對自己的畫還有點自信，現在卻經常感到受挫。大家會針對同一個課題進行創作，看看別人的作品就會明白自己的不足之處，然後就會覺得焦慮，究竟該怎麼畫才能變得跟別人一樣出色。」

麻里奈小姐抱住自己的膝蓋，瘦弱的後背配上短髮看起來很無助。

妳很認真學習，而且相當努力呢，聽到我這麼表示後，她激動地搖頭，泡澡水也跟著大力晃動起來。「沒有，我真的一點都不努力。因為我……沒辦法像大家那樣。不光是繪畫而已，我在其他方面也完全追不上。大家正常都交得到男朋友，只有我完全不行。高中時為了考大學我只顧著專心畫畫，周遭的同學感覺也沒空搞那些。可是上大學後，談戀愛似乎變得很理所當然，真的令我無所適從……」她口口聲聲都是，大家、周遭、正常。從事這個工作後我發現到一件事，許多客人不約而同地都有相同的口頭禪。

大家都這麼做，但我做不到。那樣才是正常，我是異常。

在她們的心目中，戀愛與性會隨著年齡設有不容撼動的標準與正常值，無法達標時就會感到羞恥而責備自己，變得喪志。每位客人都有自己的煩惱，但她們皆被朦朧的幻想束縛得動彈不得、逃也逃不了。我溫柔地撫摸麻里奈小姐微彎的肩膀。「性到高中為止都被視為禁忌，進入下一個階段後又突然必須變得什麼都得有經驗，感覺就像一夜轉大人那樣，毫無預警地被交付性管理權，自然會對很多事感到困惑。」

麻里奈小姐聞言後更加抱緊自己的膝蓋。話語在她的心中尋找出口，靜待著被釋放出來。

「感覺大家都好成熟……只有我跟不上。只有我進不了大家所謂的正常範圍裡，也變不成那樣的人。」麻里奈小姐所說的話與浴室牆壁產生迴響，緩緩地擴散開來。這裡只剩她所說的事實，其他情緒則在水裡混合。我悄悄從後方將自己的臉龐湊近她的後腦勺，側耳傾聽她不成聲的聲音。麻里奈小姐彷彿好不容易才發出聲音般地，將自己內心中最難取出的部分說出口。

「我前一陣子受邀參加聯誼。畢竟也老大不小了，所以覺得不跟著這樣做不行。可是我又不知道該怎麼表現才好，連話都講不出來。身邊的女孩都有辦法跟異性聊天，讓我覺得自己究竟是在幹嘛，可不可以振作一點啊。」

「嗯。」

「其他女生也很會用肢體接觸這招，我也覺得自己應該跟進，可是身體就是動不了。一回神才發現坐在我面前的高年級男生，直勾勾地凝視著我。或許是發現我對聯誼很生疏，轉而盯上我也說不定。然後坐在我旁邊的人似乎跟那個人是一夥的，突然搭住我的肩膀，用力將身體往我身上磨蹭，我完全逃不了。坐在我面前的人接著說：『妳沒交過男朋友吧？都已經是大學生了當然就是要玩啊，妳這樣表現怎麼會有女人味咧。』而且說個不停。我很想逃，可是他們兩個人賊笑著將我困在原地，我完全動彈不得。

「妳一定很害怕吧。」

「回到家後，愈想愈覺得自己好像白癡。我想談戀愛，也一直以為只要感覺對了應該就能順勢發展親密關係。可是，真的被當成那樣的對象打量時，卻完全無法接受，總覺得很恐怖。」

「嗯。」

我輕柔地撫摸著坐在我身前的麻里奈小姐的肩膀，一邊回想起至今所遇見的幾位客人。無論是否有戀愛經驗，大部分的女性在與同性的聊天過程或想像中，都是更具有主體性的。像是如果能跟那個人交往的話、萬一是這樣的話該怎麼辦？之類的戀愛主導權是握在她們自己手上的。然而，只要一踏入社會這個場域，就不得不放棄這項權利。這是因為她們在不知不覺中已被潛移默化「被好條件的男人看上，雀屏中選」才能帶來確實的幸福。

麻里奈小姐如悶哼般地訴說：「都這個年紀了還沒男朋友、也不會穿著打扮、又沒有經驗，我覺得自己好丟臉，很想有所改變。可是為了有異性緣，就必須配合、討好男人的一些行為，我實在做不到，也不知道究竟該怎麼辦才好……週末我整個人就是坐也不是站也不是地極度焦躁，所以才決定到這裡來，真的很抱歉。」

我從後方伸出手臂，抱住顫抖的麻里奈小姐。不是要困住她，而是為她打造一個可以容身的小空間。我知道妳很努力，聽到我這麼說後，淚水從她的黑眼瞳中撲簌滑落，接著情感彷彿斷了線似地奔湧而出，不斷被吸入泡澡水裡。身體就像柔軟的牢籠，既能將自己孤身囚禁於此，也能展開雙臂將人迎入懷中。我毫不遲疑，而且不著痕跡地為她闢出一方天地。

盡情宣洩完情緒後，她開口說道：「Mitsu小姐，我該怎麼辦。怎麼做才能像普通人那樣呢。我也搞不懂究竟該從哪裡改變現在的自己。」她最後還小聲地補了一句：像Mitsu小姐這樣的人或許無法理解我的處境。我搖搖頭，看著遠方說道：「我也曾像妳那樣，有過一段覺得很焦慮的時期。進不了大家所說的正常、理所當然的圈子裡，只有自己被排除在外的時期。」

「怎麼可能！妳長得漂亮又聰明，而且非常有想法耶。」

「謝謝。可是還是曾有過事事不順，苦苦掙扎的時期。」

「是喔……」

我正面迎向在我懷裡的麻里奈小姐的視線。「今後妳想成為什麼樣的人呢？」

「呃……」「與其挑剔自己哪裡不夠好，不如想想妳會喜歡什麼樣的自己。」麻里奈小姐露出從未思考過這件事的表情，訥訥地表示：「能對自己有自信，如果可以的話，希望能順利遇到某個對象，然後交往。」

「該怎麼做才有辦法實現？」

「嗯——再打扮得好看一點、訓練自己跟男生說話也不會感到恐懼。服裝方面，可能還得再下一點工夫吧……」

「嗯嗯，原來如此呢。」

我雙手夾住麻里奈小姐的臉頰。「既然都已經來了，想體驗到哪種程度呢？」她抬起充血泛紅的雙眼望著我。

結束後，在返回新宿站的路上，麻里奈小姐始終顯得很開心。或許是我心理作用，覺得她氣色變好，嘴角因微笑而上揚。望著她歡欣雀躍的側臉，我心想或許她不會再來這裡了。「雀屏中選的幸福」的確很美好，但若過於汲汲營營，可能就會對還看不見形影的「某理想對象」讓步，而完全交出自身的主導權。不過，若能像這樣確立自己身為獨立成熟女性的定位，應該就沒有問題了。

麻里奈小姐的雙眼閃爍著光芒，爽朗地說道：「沒想到做愛是這麼刺激有趣的一件事耶。看來大家都裝得一臉正經，其實深藏不露嘛。如果跟喜歡的人做的話應該會更刺激吧。」

嗯……？覺得似乎將她初體驗的難度調得太高了……。我帶著些許罪惡感，從後方追趕著走在前方感覺隨時都會來個小跳步的麻里奈小姐。

2018年2月。工作結束後我在澀谷漫步。收工後的步行令我感到愉快。身體維持在適度的興奮狀態，精神方面也因工作順利而感到滿足。今天的客人是常客，為了追求理想的性行為而利用這項服務。我揉揉應對方要求再三做出掌摑動作而感到痠疼的手腕，站在澀谷站月台等電車，包包裡的電話響起。一看，是櫻井。

我靜靜地將手機貼放在耳朵，彼端傳來了令人懷念的聲音。奔入月台的電車、周遭的交談聲，所有的聲響在剎那間全都變得很遙遠。

「好久不見耶，想說妳過得好不好。」

我好不容易擠出聲音，「嗯，我很好，對不起一直沒跟妳聯絡。」

「現在有在工作嗎？」

「還是在蕾絲邊應召工作。」

「這樣啊，那就好。」

一大群乘客從對面剛進站的電車下車。我總覺得櫻井搞不好就在那裡，目光緊追著人群。當然，她應該不可能出現的。我有好多事想跟她說，也想向她報告近況，可是每一句話到嘴邊時又覺得詞不達意，所以只說出：「我沒事的。」

將新鮮空氣吸入胸膛後，我要再說一次，將我最想說的話說出口。

「我沒事的，雖然生活並不寬裕，但我相信自己，而且能努力下去。」

電話那頭的聲音飄了一下，隨即變得明亮。「聽到妳這麼有活力，真的很好。後來妳都沒聯絡我，讓我很擔心啊。」

櫻井的工作依然做得有聲有色，據她表示搞不好最近會升職。我的視線落在對面月台上載著新一批乘客準備離站的電車。所有事物皆不斷有所變化，持續發展。而我也必須往前進才行。

向櫻井表示會再跟她聯絡後我便掛上電話。剛通完話的手機餘溫令我覺得有所依靠，緊接著撥打了另一個號碼。必須表明一切了。

對方粗魯地接起電話。「啊，喂～喂～，辛苦啦～妳會打給我還真罕見耶，怎麼了嗎？」

我平靜地開口：「我有話跟你說。」

6 在澀谷提出單飛宣言

久住的怒氣，老實說已到沖天的程度。

我開門見山地表示想辭去初蕾絲的工作，電話那頭的沉默則長達了十秒鐘，接著傳來巨大的呼吸聲，「……我覺得有點莫名其妙耶。」久住終於發難，開始發動一連串的質問攻擊。妳說說，這是為什麼啊？為什麼？是有遇到什麼討厭的客人嗎？對薪水不滿？還是依舊不滿意網站的設計？蛤？真的有點莫名其妙耶，聽得出來他很慌亂。「我剛好結束面試行程，人在新宿，我去找妳。」說完這句話他便掛斷電話。

三十分鐘後，久住來到他所指定的澀谷某家咖啡館。他的肩膀高高聳起，應該不單是穿了黑色羽絨外套所造成的。見他粗暴地坐在椅子上後，我說道：

「我想辭掉店裡的工作，自立門戶。」久住不肯看我，瞪視著擺設在咖啡館牆壁的書本。只有肥嘟嘟的腹部隨著呼吸上下起伏。

「為什麼？我為了妳還特地開了分店，幫妳準備一個可以大顯身手的地方。」

「所以我才想離職，因為獲得了久住先生你的肯定。是你提拔我進入這個業界的，而且相當照顧我，做我的後盾。可是我開始覺得，今後應該更加擴大自己的能力範圍。久住先生不是曾說過，這個業界不好混嗎？正因為我十分明白這一點，所以才想趁現在單飛，打好自己的基礎，站穩腳步，在這個業界繼續深耕。為了達成這個目標，我認為必須靠自己的力量來實踐。」

久住噗呼地吐出一口氣。「我還以為可以一直跟妳合作下去。我已經很久沒跟人搭檔，好不容易遇到妳，甚至還覺得我們的店前途看漲。沒想到妳卻這樣……」在久住莫名明顯的雙眼皮下的那雙眼睛，除了殘存著宿醉的痕跡外，還確實浮現著些微的感傷。

在蕾絲邊應召業，幾乎沒有人會一待好多年，大多下海不久後便會在短期內離開。因為在這行不易獲得穩定的收入，旗下小姐們也不得不將這份工作當成臨時餬口的跳板，因此經營者與小姐之間的關係也往往很疏離。在這樣的大環境下，我與久住一直保持著不即不離的情誼合作至今。這或許跟自己是店內紅牌而受到重用也有關聯，不過一起在這個業界走過風風雨雨所萌生的夥伴意識卻是遠勝前者的。身為色情業的經營者，久住或許也很孤單。

經營生意很辛苦的、管理小姐還有招攬客人也很累人喔、小店是無法生存的啦、會被搞垮喲，我耐著性子一一回答久住不死心的遊說。直到最後一刻他才仰頭望著天花板，覺得沒轍而放我一馬。唉，真拿妳沒辦法耶，他忙不迭吸了吸鼻水，模樣逗趣可愛一點都不符合他的形象。

「那妳就試著做做看吧，我也不知道能發展到什麼程度，不過如果是妳的話，或許有辦法做到。可是啊，開店營運真的很辛苦，也充滿變數。個人認為，不管有多優秀，當小姐和當經營者畢竟不同，一定會遇到不順遂的情況。」

我用力點頭。「這我明白。可能也會發生一些意想不到的重大波折。可是我還是想盡量拓展自己的可能性。我想在這個業界，走出屬於我的一條路。」

久住牛飲完咖啡歐蕾，奶泡還掛在唇邊，賊賊一笑。

獨自回到家後，我交相看著筆電與行事曆，一邊努力擬訂計畫。為了餬口，行事曆上已填滿接下來三個月的打工行程。往後至少會有好幾年的時間，必須過著經營應召業與兼職打工兩頭燒的生活。接下來還必須擬定店的核心概念，並架設網站。現在色情業幾乎都是透過網路來招攬客人，所以這部分可馬虎不得。而且，像以前久住所架設的網站那樣，一點開就是身穿性感內衣的小姐們扭腰擺臀的網頁設計是千萬得避免的。不，是不列入考慮的。

起初想進入色情業工作時，我是抱持著什麼樣的考量來閱覽蕾絲邊應召網站的呢？記得當時覺得愈看愈突兀，或許其他閱覽者也跟我有一樣的感想也說不定。既然如此的話，不如來個逆向思考？非關性愛與情色，想想會前來找我的人們，真正想尋求的是什麼。

我點開免費網頁製作平台內最先出現的白色輸入畫面，在標示著「請在此輸入文字」的框框內，毫不遲疑地打下這一行字：

「對話型蕾絲邊應召 Relieve～芮莉芙～」

＊

「我們這個業界，似乎出現了型態很特別的店耶。」

2018年2月，對話型蕾絲邊應召芮莉芙正式開張，而這就是我在色情情報網刊登網站消息後最先收到的反應。這家店所主打的核心概念本身，或許在這個業界顯得很特異。我在網頁所寫下的文宣大致如下：

「叫蕾絲邊應召服務並發生性行為，對客人來說已逐漸成為解決煩惱的方法之一，不過很多人真正的目的並不在於這項行為本身。芮莉芙會陪妳說出心裡話，為妳帶來『契機』，重新檢視妳所獨自承受的一切。」

我想將自己的店打造成不光只是提供性行為的場所，而是一個能讓客人安心傾訴、分享煩惱的地方。為了讓閱覽者對這家店寄予信賴，不將重點擺在性服務與套餐內容上，而是確實透過文字表達核心概念與經營理念。套餐相當單純，比照以往推出兩種類型。為避免玩技一詞會讓客人感到有負擔，因此將玩技套餐改成賓館套餐。在業界內的不成文規矩——針對新客人所加收的費用以及繁雜又露骨的追加選項等設定，都被我拿掉。為了方便閱覽者事先掌握服務風評，評價欄的部分也開放給客人自由填寫。

由於主打的賣點相當罕見，再加上是女性經營者年紀輕輕而且公開真面目，因此悄悄地在業界內打響了知名度。社群網站等相關平台還曾稍微提到，最近有一家令人摸不著頭緒但推出很不可思議服務的店。不過，這或許跟這個極為狹小的業界每遇到新開的店時，大家就會在檯面下偷偷觀察互相發表評論的可悲做法有關吧。

隨著自己的店開業，我還做了另一項改變。那就是為自己的花名冠上姓氏。成為經營者後，有時必須以代表的身分出面處理大小事，或許也會接獲採訪的機會。像這種時候，有名無姓會顯得很不自然，因此我在「Mitsu」加上「橘」字。看到名片上印著自己的名字，橘Mitsu時，頓時產生一種難以言喻的情緒。入行以來一直都是使用花名，有了姓氏反倒令我感到沉重。這或許是自己將與不屬於夜晚的世界之人有所連結，再度被組裝進與社會產生關聯的巨輪內的重量也說不定。

數週後，正當我在擬訂粗略的事業計畫，以及與預定好的打工行程大眼瞪小眼時，

Gmail收到一封郵件。內容是「我想預約。」我無聲地敲著鍵盤輸入文字。「這裡是對話型蕾絲邊應召服務芮莉芙，謝謝您的聯絡。方便請問您想選擇什麼套餐、鐘點數，以及見面地點和日期時間嗎？如果有想嘗試的事物，或是希望我們能事前做好功課的事項，請一併來信告知喔。」過了一段時間後，收到內容短到令人咋舌的回信。「我想選在明天3月14號。」「謝謝您的回信。您希望在3月14號見面，那見面時段與套餐內容呢？當天會由Mitsu來為您服務。方便請教您的預約大名嗎？」「我會去池袋東口，16點。2萬圓那種。穿粉紅色帽T 久原美奈」郵件內容就這麼結束。我盯著筆電畫面好半晌，啞口無言。

以往預約相關作業都由久住一手包辦，現在自行經手後才發現，其實在接到預約內容的當下能推敲很多事物。真實情況還是必須見到本人才能判斷，不過透過文章便能大致得知此人的個性，因為與他人的應對方式會如實反映在郵件內容上。是心思細膩呢，還是一板一眼、是懼怕他人呢，還是目中無人，這些都看得出來。

利用芮莉芙服務的客人當中，不乏與他人交流有障礙，或心理有陰霾的情況。不過，不能因為這樣就嫌麻煩。無論任何人若不願試著透過言語來溝通，便難以令人接近其內心與身體。愈是棘手的狀況，愈令我充滿鬥志。我的對話服務從客人敲定預約的當下便已展開。

我在快接近預約時間的16點前，穿著黑色大衣站在池袋東口。天空已被趕著登場的夜晚所吞噬，溶出淡淡的粉紅天色。都說色情業是晚上的工作，但實際上我最忙碌的時段卻是傍晚。我也不明白其中緣由，但總莫名覺得這是最符合這個工作的時段。既不像白天那樣必須被各種職責追著跑，也不像夜晚那般充滿著明確的欲望。是一段既曖昧、想與人接觸而且說不出具體意義的時光。正因為這是夾在兩個時段中的過度時間，所以我們才能接近彼此也說不定。我側眼看向隨著天色漸晚而開始加速吞食著人類欲望的街角，快步前往會面地點。

在會面地點已出現一位符合特徵的人。黑直短髮、點點雀斑還有點稚氣未脫的臉龐，宛如少年般的身形搭配亮粉色帽T與綠色卡其褲，腳上則穿著一雙略大的NIKE球鞋。我筆直往她的方向走去，她則微眯起眼注視著我。

我比照往常般先打招呼。不管是單飛後還是任何時候，都用這句話當開場白：「很高興見到妳，我是Mitsu。」聞言後她的身體立刻離開原本倚著的欄杆。「我是美奈。」「妳好，今天請多多指教。」美奈小姐點點頭依舊未正面看我，我站到她身旁，準備前往預定的賓館。「那我們走吧。妳是怎麼找到我們的呢？」

「啊，就是搜尋後跑出來的。」美奈小姐看著雙腳，尋找詞彙。「就是那個啊，最近在推特不是很流行嗎，蕾絲邊應召。沒想到會有這種東西，感覺很有趣。」

「哦，原來是這樣啊！」我笑著回答，可是內心卻偷偷問著，真的只是這樣而已嗎？

美奈小姐稍微露出鬆了一口氣的表情，將手插入口袋後開始走了起來。欲速則不達，在客人面前永遠必須保持冷靜，以及開朗友善的態度。這是單飛後值得紀念的第一件工作，在與她閒聊的同時，我已鎖定了今天應該探討的焦點。

*

「真不虧是Mitsu小姐，才自立門戶沒多久，生意就已經上軌道了。」

坐在桌子對面快活地露出笑容的是那位身經百戰的應召女郎，奈之葉小姐。她今天走修女風，身穿滾了好幾層黑色花邊的洋裝。覆蓋住纖細雙手的袖子則裝飾著車工繁複的紅色蝴蝶結，成為這身穿搭的最大亮點。雖屬於扮裝風格，但穿在她身上便顯得很自然，而且與今天見面地點的帝國飯店一樓大廳酒吧也出奇地搭。在這個木製梁柱搭配挑高天花板，以及擺滿古色古香的焦糖色家具的奢華空間裡，也絲毫未見遜色。隔壁桌的婦人們則頻頻投以好奇的眼光，想看清楚究竟是何方神聖。

我與奈之葉小姐有好一陣子未曾交流，不過單飛後便立刻安排見面。我們在老字號飯店的大廳酒吧，約莫睽違一年再次重逢。

「但其實只有我一個員工，就跟在前一家店延長時數工作的感覺差不多。當然，開了自己的店就必須面對該如何提升知名度，讓客人願意持續上門的問題。」

奈之葉小姐拉開細瘦的手臂伸懶腰。「不過，我覺得妳所主打的服務概念非常好。看過妳的網站後更印證了這個想法。形似杏仁的眼睛捕捉著我的身影。今天的瞳孔由粉灰色的變色片妝點，稍微降低了黑白眼球之間的對比。仔細塗抹口紅的紅唇，宛若低語般地蠕動著。

「妳在網頁上也有提到，客人本質上所追求的並非玩技。這點我真的很認同。做愛只是為了達成某目的的手段，客人不見得都是衝著性行為本身而來的。這點或許只有一小部分的蕾絲邊應召女郎有隱約察覺到，可是卻從未有人將這些感觸說寫出來。而妳從一開始就領悟到這一點，將感想化為文字，並成立一家店推出具體服務。這真的很罕見，但也實在有所必要。」

奈之葉小姐的口吻相當堅定，不見一絲動搖。她也是屬於會詳盡解釋自身想法的人。或許這是她的敬業精神使然也說不定。不過，能夠獲得她的評價，仍舊令我打從心裡感到開心。一直以來我都夢想能跟她處於對等的立場聊聊工作事。

相信很多女孩看到她應該會自嘆不如吧。她白細的手指貼著胸口。

「我沒辦法以那樣的形式提供服務。我想，這跟把它拿來當成我的工作理念好像又不太一樣。很多客人就是喜歡我的穿著打扮、想體驗我所營造的世界觀。但是像Mitsu小姐這樣，不靠裝扮或各種玩法技巧，設身處地為客人提供服務的做法，讓身為同業者的我覺得敬佩與驕傲。我也獲得了勇氣，覺得維持一貫的方式做自己就好。」

我也跟她一樣詳盡地表達自身的想法。「我覺得自己所追求的目標，完全難以捉摸，即使這樣，我還是想努力做下去，畢竟這是靠我自己找到的最佳工作與歸屬。」

奈之葉小姐柔柔地微笑。

「這份工作賣的並不是小姐的身體，而是面對無形、難以捕捉、瞬息萬變的人心。我們絕對不光只是扮演男性的替身或發洩性慾的對象就好，因此一點都不簡單。就算這樣，我想妳一定能開出一條路來的。」

我突然想起芮莉芙所接到的第一名客人。美奈小姐據說是在男友的許可下進行預約的。原本她便察覺到自己具有雙性戀傾向，為了想跟女性做做看才來找我。男友聽到她這個懇切的心願，決定大方地予以成全。結束後，美奈小姐悄悄向我透露：

「同意自己的女友叫應召，難道不會覺得吃醋或嫉妒嗎？雖然我也沒立場這麼說啦。」我將這件事說給奈之葉小姐聽，只見她呵呵地笑了起來。可能是心有戚戚焉吧。

「我覺得啊，男人光憑著身為異性這點，就認為自己有資格當女人的性對象，而且打心底認為絕不可能輸給女人。所以才會把我們這些小姐，或女女之間的行為看作男性的代用品。我想那個人應該很有自信，認為自己擁有絕對的優勢。說穿了只不過是多了一副陽具而已。」這位今年依然獨占鰲頭的應召女郎，靜靜地疊起雙腿看向外頭。削瘦的側臉，以及微微往上彎的薄薄唇角，是一種看著看著會令人忍不住打冷顫的微笑。奈之葉小姐依舊含笑地說道：

「男人的想法也不一定是對的。別看我這樣，還挺擅長引導出女性火辣的一面。」順著她的視線往前看，兩名女孩站在大廳酒吧入口附近，很明顯地注視著我們。她悄悄從包包中拿出遮臉用的口罩戴上。這下我可看明白了，人氣旺也有人氣旺的困擾。

「那我們差不多該走了吧。」我看了一下腕錶確認時間，16點。今天的工作是從18點半開始。而奈之葉小姐的行程則是三十分鐘後在這家飯店與客人見面。我們不拖泥帶水地相互道別後，各自回到工作崗位。出了飯店，天色依然明亮。不過所處的世界已確實從白天轉移至傍晚時段。屬於我的時間才正要展開。

*

我從剛才便反覆地將筆電螢幕打開又關上五次。一下覺得這樣就好，鼓起勇氣關掉網站畫面；一下又覺得言之過早，再度打開畫面。是否要招募小姐一直是我列入考量的事項之一，也終於在兩天前開始貼出徵人啟事。為了穩固事業，網羅優秀的員工是不可或缺的條件。自己一個人接客的確比較輕鬆，不會衍生其他問題，但考量到永續經營的層面時，新增人手是早晚都得面對的課題。蕾絲邊應召無法當成專職工作，因此無須包辦小姐們的生活費用。即便如此，還是得提供一份收入讓她們生活。

每當看著招募小姐的網頁時，責任這兩個字就會在我眼前閃現。與人共事的責任。

這種情緒又跟以往至今單打獨鬥所感受到的負擔不太相同。

我所提出的招募條件只有一項。在服務過程中重視與客人的對話。這個乍見之下在色情業界顯得很獨特的招募條件，吸引了三名應徵者。

第一位是28歲，擁有色情業工作經驗的梨花小姐。她表示自己在服務男性的色情業小有成績也擁有穩定的收入。至於應徵理由，她則毫不諱言地透露，一來是想確認現在流行的蕾絲邊應召，葫蘆裡究竟賣什麼藥，二來是覺得這份工作應該會比接男客輕鬆。她一邊撥弄著已完全褪色的大波浪髮尾，低著頭說道：「任何人都想選輕鬆的工作不是嗎？對象是女性的話，我有自信可以搞定。要求絕對比男人少，也不必進行一些很激烈的行為不是嗎？」

我由下往上彷彿撈起她的視線般地看著她。「妳真的這麼認為嗎？」

她自信滿滿地搖晃著藍色開襟衫下的身體。「嗯？難道不是這樣嗎？就只是說說話而已嘛？不就跟女性朋友聊天沒兩樣嗎？我啊，最擅長這種事，一定做得來的。」

下一位，第二號人選。擁有色情業工作經驗的佳純小姐，22歲。她的應徵郵件內容寫得很得體，給人一種誠懇穩重的印象。儘管感覺有點文靜，但用詞遣字與細心的應對技巧，應該可以彌補這方面的不足。

見過面後，就像郵件予人的印象那樣，在對話上沒有問題，解讀我的語意的能力也沒有可以挑剔的地方。她畢恭畢敬地坐在我對面的沙發上，我面對她說出自己的疑問。

「可是，為什麼妳會想來我們這裡呢？就像剛才跟妳說的，要把蕾絲邊應召當成正職其實相當有難度。」她急忙將茶杯放回杯碟上。「嗯——該怎麼說呢，」她的眼睛彷彿被吸入杯中般，視線在紅茶表面游移。「我現在仍從事色情業，但總覺得不滿足……雖然想有錢，但也想增加自信，所以才覺得如果轉戰對話型應召的話，或許能帶來什麼改變。」我偏著頭，「我們這裡的工作，必須徹底面對客戶的情緒，不然很難做下去喔。」聽到這句話，佳純小姐的表情突然亮了起來。「是的，因為我也時常感到寂寞，所以才覺得可以貼近同為寂寞人的心靈。」

色情業界往往會有這樣的情況，很多小姐自身也對某方面感到自卑或有某些問題。可是我想打造的對話型蕾絲邊應召並不光是提供性愛服務而已，有時還必須陪著客人面對精神方面的課題。若小姐本身面臨重大問題而自顧不暇時，就很難完成這項任務。因為會將自身的情況過度投射至對方身上，而無法站在客觀立場看待，甚至會久久難以從這種痛苦的狀態中抽離。客人是為了接受服務才找上門，而非為了替小姐療傷止痛而來。儘管覺得可惜，最後還是決定不予錄用。

第三位人選。最後這位很有勇氣，未曾待過色情業便來應徵。一問之下才得知目前還是大學生。她也是在郵件往來的階段便明確表明想法與應徵動機。前來面談地點的咖啡館的是一位嬌小可愛，宛如洋娃娃般的女孩。

「今天還請多多指教。」在她彎腰深深鞠躬時，剪成鮑伯頭的黑髮輕輕地搖晃著。年紀雖輕，儀態舉止與說話方式皆顯得穩重有禮。我開門見山地向她說明小姐必須具備的條件，以及這個業界的祕辛，她則一臉嚴肅地聽著。我對著嘴巴抿成一直線的她老實道出，之前其他面試者在對談過程中所帶給我的突兀感。「除了金錢以外，妳想從這份工作獲得什麼呢？如果只是想賺薪水的話，直接去服務男性的色情業會比較快。若只是想解決自身問題的話，我想應該很難勝任我們這裡的工作。這麼說不是在威脅妳，而是根據經驗陳述事實。畢竟是要一起共事的人，所以我才想好好問問應徵者想在這家店獲得什麼，以免彼此的認知有出入。」就跟面對客人一樣，我也想得知小姐應徵的理由。今天妳願意來這裡的理由，是什麼呢？

她張開妝點成粉紫色的嘴巴說道：

「我想徹底探究有關性方面的事。」我忍不住眨眼回應：「啊？」她的語氣沒有絲毫動搖，彷彿讀出大字報般地表示：「我從很久以前就對性方面的事感興趣。經驗或許也比別人多一倍。我想跟可以放心交流的對象進行更多的體驗。可是如果在日常生活中這麼做的話，有時不免產生摩擦吧。我想擺脫人際關係的束縛，純粹地追求自身在性方面的可能性。」她不改好強的表情，注視著遠方。「原本我就對蕾絲邊應召有興趣，而橘小姐所開設的店，透過對話與客人一起思考課題的量身訂做服務很吸引我。看過客人的評論留言後，我還忍不住哭了。其他服務女性的色情業，有的實際上是接男客，讓我覺得小姐只是單方面地被消費，而覺得無法認同。可是橘小姐所做的事，在本質上完全是針對女性所推出的服務。我還是學生，手頭不夠寬裕到能以客人的身分來光顧。所以才想在這裡工作，在追求自我可能性的同時，盡一己之力幫助利用這項服務的人。不光只是透過身體，透過言談也能貼近對方所尋求的事物、找到讓其快樂的泉源。我覺得自己一直以來都欠缺這樣的觀點，所以想確認自己究竟有多大能耐。」

真有趣。我直勾勾地看著眼前這位好似剛開箱取出的娃娃般的女孩。忠實跟隨並正視自身的慾望，而且能發揮這項特質與人接觸。她完美地詮釋了這兩項要件。雖說沒有色情業的歷練，但經驗豐富又很有主見。透過裝扮或世界觀來行銷並非我所具備的要素，讓這女孩加入的話，或許有助於擴展客源。更重要的是，她應該能順利協助客人面對自身的欲望。我當機立斷地對著說完一大段話後稍微露出倦容的她告知錄用之意。就這樣，芮莉芙值得紀念的頭號員工誕生。花名則取為富彌世。

在實際戰果方面，自入行以來她便發揮了驚人的吸客功力，漸漸培養出常客。關於性與技巧方面的基本研習在她加入前也大致做過說明，而她的理解吸收程度之快令我大感驚奇。我的方針之一是要求小姐開設推特帳號來行銷自己，而她在這方面也表現不俗。她的推文洋溢著知性，以及對性的好奇心，還帶點神祕的色彩與謎樣的氛圍。ID則發揮幽默，比照花名的日文發音取為234，整個版面充滿著各種吸引他人前來一探究竟的元素。官網上的介紹頁點閱數，也日漸攀升。在她的工作也開始上軌道後的某一天，為了進行數個月一次的面談，我們約在新宿的咖啡館見面。這裡位於地下，占地十分寬廣，富彌世的視線追著店內忙碌穿梭的女服務生，接著開口對我說道：

「Mitsu姐，妳曾遇過不知如何是好的客人嗎？」

我反射性地拿開已送到嘴邊的厚重咖啡杯。「不知如何是好是指什麼？」

「就是不曉得該怎麼應對的那種客人。」

「當然有啊。像是不管說什麼，都一概遭到否決『啊，我的意思不是這樣耶』之類的。」

富彌世緊咬著嘴唇眼睛往上看。

「嗯——我遇到的倒不是這種，而是讓我覺得自己的陪伴似乎毫無意義……」

據她表示，前幾天接到的客人在服務過程中只顧著打電玩。當初客人是預約賓館套餐，但實際交談後氣氛完全熱絡不起來。就算富彌世努力營造挑逗氛圍，也被客人委婉地躲掉。結果就只是關在飯店，玩著客人所帶來的Switch。看著客人沉迷在遊戲中，富彌世心想會不會是有話想說，卻又說不出來而試探了一番，但似乎也不是那麼一回事。客人想要的，只是砸大錢買下三個小時的時間與人一起打電玩罷了。可是，這樣做是對的嗎？

富彌世拿著細長湯匙對著剛送來的百匯無意義地戳來戳去。「人都特地來了，就是想為她做些什麼嘛，直接向我傾訴煩惱或提出要求，這樣我還比較容易處理。遇到像這種沒有任何要求的客人時，實在會忍不住感到困惑，覺得自己那樣做真的好嗎、我的陪伴真的有意義嗎之類的。」

「我認為客人的目的並不一定就是性行為。如果她真的有什麼難言之隱或心事的話，我想妳應該看得出來。」

只是單純想與人共度時光這件事本身便具有意義，我如此鼓舞富彌世。當時壓根沒想到自己會在數日後，遇到一位讓我陷入同樣苦戰的客人。

烏漆墨黑的身影，這是在約定地點見到她時的第一眼印象。前來赴約的是一位穿得一身黑的女孩。地點在新宿ALTA前，時間為15點。似乎從未染過的中短黑髮、黑色帽T、黑褲、掛在肩膀上的薄型托特包也是黑色的，只有遮住臉孔的口罩不按牌理出牌是白色的。遠遠看來好似於明亮日光中生成的一抹淡黑。由於臉孔被遮住大半無法明確看出年紀，但應該是20歲後半吧。

我朝著自己所猜測的人選走去，並自我介紹，她則看著我的眉間，微微地點頭示意。「嗯，妳是晴香小姐對吧？」她做出跟剛才一樣的微點頭姿勢。「今天請多多指教喔！妳對房型有任何要求嗎？」她所預約的內容為90分鐘的賓館套餐。露在過大口罩外的眼睛，完全凝固在半空中。那就去我推薦的地方吧，我帶著自然的笑容看向她，但她的表情毫無變化。看來我不先移步的話她也不會有所動作，因此我試著稍微走在她的前方帶路。晴香小姐與我保持一定的距離，無言地跟在我身後。至少，似乎還願意前往賓館的樣子。

我帶著她來到在新宿經常光顧的某賓館房間。儘管我不確定接下來會遇到什麼狀況，還是決定先放洗澡水再說。我規定在我們店內必須提供與客人一起泡澡的這項服務。在放洗澡水的這段時間能很自然地聊一下天，泡澡對於消除客人在辦事前的緊張與不安非常有效。能多少減緩些許全身被看個精光的害羞，以及身體被觸摸的抗拒感。

我心想是時候了，便從浴室回到房內，卻看見已經脫到只剩下一件細肩帶背心與內褲，卻依然戴著口罩的晴香小姐。她蜷縮著如少年般精瘦的身軀，低垂著頭跪坐在床鋪上。這個出乎意外的發展差點令我暫停呼吸，但終究將這股衝動壓抑下來。我總是提醒富彌世，面對客人時不能驚慌失措，也不能心急焦躁。因為這些情緒在客人面前是無所遁形的。我改以呼氣取代屏息。

「現在正在放洗澡水，要不要趁這個空檔聊一下天呢？」我故作鎮定地坐在床的前端。

「雖然有開暖氣，但妳會不會冷？要不要調高溫度？」她默不作聲。

她雙手緊握成拳擱在完全裸露看起來很冷的大腿上。低垂的臉龐被頭髮擋住，看不清楚表情。

「對了，要不要我幫妳按摩？」一頭黑髮劇烈地往左右搖動，接著又是一片沉默。

「我在妳旁邊會覺得不自在嗎？」依舊不語。可是並未表示抗拒。我稍微拉近與晴香小姐的距離，默默地坐在她身旁。在服務過程中像這樣什麼都不做地度過時間，或許還是頭一遭。為了讓她知道我並不在意這種尷尬場面，有好長一段時間只是全身放鬆地陪伴著她。隨著時間分秒流逝，已超過大半鐘點數時，一道如細絲般的聲音從我身旁響起。「對、對、對不起。」

「怎麼了嗎？如果妳不願意的話，不做也沒關係的喔。」聽到一陣彷彿混合了呼吸與話語的呼、唔、唔唔唔唔唔唔聲響後，她像是使出全身力氣般地說道：

「其、其實我很想做，無、無論如何都想做。」

「嗯。」

晴香小姐用力閉上眼睛，像是要擺脫什麼似地左右搖頭。

「在我的店裡只會提供客人所希望的服務，如果現在要在這裡做對妳來說很困難的話，那也沒關係。不必覺得叫了小姐就一定得辦事，別因此感到有負擔。」感覺好像不能貿然握住她的手，我只好輕輕地拍拍床鋪上的床單示意。可是她卻沒打算穿上衣服，半是吶喊地說道：

「今天無論如何就是想做。」

我問她為什麼。房間被沉默充滿，只有她的呼吸聲不斷地逼近。

「唔，我沒有，那方面的經驗。」晴香小姐並非對誰訴說，只是將藏在內心的東西化為言語。未曾對任何人表明的話語，或許不夠洗鍊，卻能打動人心。也許是掙扎與糾葛所產生的力量，讓她決意擺脫長期以來的處境。

「我、我沒辦法好好跟別人相處。」

晴香小姐告訴我，從小就覺得自己無法順利與人相處。周遭覺得愉快有趣的事物，她卻無感，也笑不出來。就算找人說話，也只會被嘲弄或惹得對方不高興。長大後好不容易從專門學校畢業，由於想盡量避免與人接觸，因此選擇了製偶師作為職業。她與唯一有辦法交談的親妹妹於在學期間便開始搭檔合作。巧手而且才華洋溢的晴香小姐負責製作人偶，擅長與人交流而且對網路有研究的妹妹佑里小姐則負責銷售事宜。宛如蒸煮過的牛奶般潔白無瑕的肌膚，帶著一抹愁容的晴香人偶，在玩偶收藏家之間引起話題，在網站上一上架便會立刻被搶購一空。佑里妹妹透過各種活動與網路宣傳，幫助拙於社交的晴香姐姐銷售作品。兩人合作無間，而且最重要的是，不擅長與他人互動的晴香小姐能與佑里妹妹溝通聊天。

「我敢跟佑里說話。跟她聊人偶真的很開心……像是這孩子的這個部分很特別、這孩子具有這種特色、不知會被誰帶回家之類的。」據晴香小姐表示，人偶們從誕生之前便有自己的個性與故事，在製作過程中傾聽這些聲音與之對話，便能自然而然地雕塑出人物造型。據說有相當多的粉絲讚不絕口地表示，晴香老師的人偶感覺就像真的有生命那樣，富含個性與故事性。

這是一座由兩名女性與不能言語的人偶所築起的樂園。然而，小小的幸福卻無法維持太久。一向與男人沒有交集的妹妹佑里交了男朋友。

我詢問：「佑里小姐交了男朋友後，有任何改變嗎？」她劇烈地搖頭。

「沒有……是沒有任何改變……」正當晴香小姐準備說出下一句時，宣告時間結束的鬧鈴聲無情地響起。晴香小姐的眼眸深處霎時變得僵硬透明，原本已開啟的某事物又逐漸關上。趁著尚未完全關閉前我出聲表示：「啊，請等一下，可以再給我十五分鐘的時間嗎？」晴香小姐從黑髮縫隙中抬眼望向我。這是她第一次敢看著我。應該還剩下十五分鐘的梳妝整理時間，我不想錯失這個機會。

「我還想再跟妳多聊一下，拜託。」

「我無法，說得很完整。」

「說不完整也無所謂，慢慢來就可以了。」

佑里妹妹交了男朋友後，於公於私與姊姊的關係都未曾改變。即便如此，某個想法卻不斷侵襲晴香小姐的腦袋，就像水從裂縫中滲入般無法擺脫。如果佑里就這樣結婚了呢？如果有孩子呢？那樣我有辦法自己一個人製作這些人偶，並負責銷售嗎？我悵然若失地望著桌上堆積如山的人偶們，這一路走來我做的東西究竟有什麼意義呢？

今後自己也得振作起來負責銷售方面的事物。晴香小姐努力跟著佑里妹妹前往展覽活動擺攤。這樣一來，反而更加注意到自己與妹妹的差距有多大。聽著妹妹與客人談笑自如的聲音，自己卻只是孤伶伶地坐在攤位一隅，甚至無法來到只有一板之隔的攤位前方。到頭來，晴香小姐發現自己就像裝在箱中的人偶般，毫無存在感。無法與任何人交流、什麼都不知道、孤獨一人。

晴香小姐的身體微微顫動，接著說道：「我、我很想改變自己，可是，完全不知道該怎麼辦，實在有太多不足的部分，所以才想說，如果做了這件事的話或許會有什麼改變。」她相信，只要有過性行為就能跨越橫亙在她與他人之間的巨大鴻溝。

「原來妳是因為不擅長與人交流，想有所改變才來找我們的。」相信妳一定付出很大的努力，聽到我如此表示後，她只是無力地搖搖頭。

「可是，我還是做不到，完全沒有辦法。我真的很怕別人看著我。」

「有的時候就算強逼自己面對，情緒也可能無法跟上這些狀況。再說，光是妳肯來這裡，我認為就已經算是踏出一大步了。能成為妳跨出第一步的見面對象，我真的很開心。」

她從口罩中擠出聲音向我表示，沒辦法好好與我接觸實在很抱歉，可是這已經是自己的極限了。我面對著她回應，沒關係的，或許今天不成功，但今後才正要開始呢。

從浴室傳來熱水嘩地溢出浴缸的聲響。

在回程的路上，她依舊駝著背低垂著頭，腳步拖沓地走著。「今後究竟該怎麼辦才好……」走在後方與她隔著半步之遙的我，忙不迭地將自己的手機遞到她眼前。

「或許是我會錯意也說不定，不過我曾聽有些人說過跟妳類似的煩惱。妳知道這個網站嗎？」我讓她看的是NPO法人針對發展障礙者所營運的網站。規模不大但刊載著醫師監修的正確醫學知識以及各種協助當事者的資訊，是可以信賴的情報網。我告訴她用來搜尋的關鍵字。「這完全沒有強制性，只是想說如果妳有興趣的話，來這種地方看看或許能找到什麼靈感。」她沉默地凝視著關鍵字串後，微微地點點頭。

造訪芮莉芙的客人當中，有一小部分是必須為其引介適切的醫療機構或告知相關資訊的。色情業是接受非日常服務的場所，既不能建立更進一步的親密關係，更遑論提供任何的診斷。這雖然是色情業的便利之處，但對於需要心靈歸屬或醫療資訊者而言卻顯得有些不足。像這種時候，我就會告知對方關鍵字。要查或不查、要去或不去都是客人的自由，而非我們所能決定的。我只是盡了身為應召女郎所能提供的幫助。話雖如此，還是希望客人能在真的遇到困難的時候，找到適切的場所。協助客人找到下一個依歸，也是我在開設芮莉芙時所強調的重點。

話說回來，這個故事還有後續。其實，晴香小姐在那之後還光顧了好幾次。自入行以來我經常想，老實說我也不知道自己是否提供了正確的服務。只有在客人願意再次上門時，才能趁機對答案。

令人驚訝的是，最近晴香小姐已能與我有觸摸互動，而且也漸漸地對我展露笑顏。步調雖慢，但她也開始有所轉變。因此，這個故事的結尾依然持續更新中。

除此之外，還有另一個未完待續的故事。那就是以前在久住的店「初蕾絲」服務時所結識的客人，千佳小姐的續集。她雖然自覺是同性戀但還是與異性結婚，也就是所謂的已婚女同志。千佳小姐在我自立門戶後，也曾光顧過芮莉芙一次。我還記得上次見面時她帶著一大箱行李，眉開眼笑地踏上歸途的情景。

某天，收到她所發出的指名預約郵件。她表示事出突然，想約明天14點見面。不過，卻讓我感覺有點不對勁。以往都固定約在新宿站見面，再一起前往附近的愛情賓館，但這次她卻說想在新宿的城市飯店客房內會合。

「非常抱歉，為了預防犯罪，本店禁止客人約在住家或先行入住的客房內會合。」我透過郵件向她告知此事。這是因為讓小姐前往客人已入住的房間時，可能遭遇危險的緣故。房間內或許躲著其他人意圖不軌，也有被偷拍的可能。雖然久住的店允許這樣的做法，但在我的店為了確保小姐的人身安全，原則上謝絕這樣的要求。千佳小姐看完說明後表示瞭解。「那我知道了。不過我不是當天來回，而會在那家飯店過夜。不然可以約在新宿車站見面，然後一起辦入住手續嗎？」

當天，前往新宿車站約定地點時，立刻就找到千佳小姐的身影。她與從前一樣維持著亮褐色短髮造型，不過臉孔卻被大墨鏡與口罩遮住。我笑著對她說，好久不見耶，但她沒什麼反應。

「跟以往比起來，這次妳來東京好像很突然耶。怎麼了嗎？」

「就是覺得很想跟妳見面……」千佳小姐不怎麼搭話，沒再繼續說下去。直到抵達飯店房間前，我們沉默地並肩而行。進入下榻的狹小房間後，她坐在床邊拿下墨鏡與口罩。一看才發現，她的眼皮紅腫，臉上瘀青處處，嘴角裂開。只有目光炯炯有神地看著我。

「千佳小姐，怎麼會這樣！發生了什麼事？」

千佳小姐勉強露出微笑。「被我爸打的。對不起，因為不想在外面被人看見這張臉，所以才想直接約在飯店內見面。」

「這、發生了什麼事……？」

「好像是叫應召的事穿幫了。」千佳小姐維持著臉朝外的姿勢，幽幽說道：「前一陣子來東京，我跟小姐手牽手進飯店時，好像被剛好也來東京的熟人撞見。啊，不過那天不是跟 Mitsu 小姐妳見面。這件事傳到我老公耳裡，被他質問了一番，我謊稱那天是在東京跟朋友聚會，可是我根本沒有這種住在大都市的朋友……再加上我一直不肯跟我老公做愛，所以他似乎從很早以前便開始起疑心了……被他興師問罪後，沒辦法再繼續說謊下去。」

千佳啊，其實妳是叫應召吧。

千佳小姐將手貼在嘴邊。「似乎是我老公跟我父母親告狀的，接著我被叫回家，我爸情緒失控出手打我，然後我就氣沖沖地離家出走了，這是昨天發生的事。」我忍不住環視整個房間，但沒看見她平常使用的行李箱，也沒看到任何隨身行李。應該只帶著錢包與手機，連衣服也來不及換地逃出家門吧。千佳小姐抓住帽T胸口處，「對不起，我不想把妳捲進我們家的風暴裡，可是又不知道該怎麼辦。這種事實在無法跟任何人討論。而且也不清楚我的朋友跟熟人們究竟知道多少，所以也不敢待在家鄉。」千佳小姐勉強擠出笑臉，可能因為臉腫的關係，反而形成扭曲的微笑。

「妳受苦了。」我伸手貼著她的背脊。

「Mitsu 小姐，妳也會怪我嗎？」千佳小姐流露出不安的眼神，彷彿要將人看穿似地凝視著我。

「怎麼會？我哪會怪妳，不可能的。」

「大家都怪我不好。我爸因為太過生氣而失常，我媽傷心憔悴。我老公好像無法理解我，在我逃家後不斷打給我，一直質問我為什麼要做這種蠢事，還說我明明過著不愁吃穿的幸福生活之類的。我爸也叫我要知足，為了一時的意亂情迷而棄家庭於不顧，實在有夠丟臉，說一切都是我不夠忍耐才會這樣。」

大顆淚珠從千佳小姐顫動的眼瞳中撲簌簌流下，但不知為何嘴角卻含笑。「不夠忍耐是什麼意思？我一直、一直都很忍耐。不斷地壓抑、欺騙自己，過著普通的人生到現在。而且我不是乖乖結婚了嗎？跟一個根本也沒那麼喜歡的對象在一起！」她頻頻吐氣，彷彿心臟受到壓迫而感到痛苦不堪那樣。「我究竟哪裡不對。時代好不容易改變了，不是都說大家有權利追求自己的自由、做自己就好嗎？那我應該也可以啊。」

我一直默默聆聽千佳小姐所說的話。她的措辭漸漸顯得無力，最後只能聽見紊亂的呼吸聲。她無精打采地表示，明天得先回家再說。

「對不起，請妳聽我抱怨了一堆。還是必須回家跟家人好好談談。」我想父母親現在應該已經恢復平靜，對我離家出走的事感到擔心，當然我老公也是，她補充道。我回她：「如果被暴力相向時一定要逃離現場，先找人居中圓場會比較好。」邊說邊輕撫著她的後背。

時間到，在她情緒已平靜下來後，我走出城市飯店的房間。關上房門之際，她目送著我離開時那異常沉靜的眼神無端令我印象深刻——平靜卻灼熱，我甚至心頭掠過此生還能再相見嗎的念頭。回到家鄉後，她會怎麼跟父母親以及先生解釋呢？

過了好一陣子後，我在意想不到的情況下得知疑似是她的近況。會說疑似是因為並非經由她本人說出，而是透過網路的緣故。店裡的常客告訴我，她看了某位似乎曾來過芮莉芙的客人所寫的部落格。我試著搜尋，還真的找到該網頁。雖然文章並未標示店名，但根據周邊資訊來判斷應該是指我們沒錯。我心想究竟是誰寫的而漫不經心地看著貼文，突然靈光一現，這不就是千佳小姐嗎？

從部落格的內容可得知，撰文者為30世代女同志，已婚，固定從地方都市來東京利用應召服務。部落格則是用來記錄應召服務的日記，最新的發文內容如下：

「為我上一則貼文感到擔心而且留言的朋友，謝謝你們。自從叫應召這件事被揭穿以來，我爸和我媽依然很生氣。不過我好像有辦法說服我老公。他表示如果只是一個月一次的話，可以同意我利用應召服務（當然這絕對不能讓我父母親知道）。只不過，交換條件是必須開始努力做人。我老公可能抱著這樣的期待，認為等我有孩子後或許就會放棄當同性戀而將心思轉回家庭。老公同意讓我叫蕾絲邊應召固然開心，可是生孩子這件事該怎麼辦……」

這是她寫的嗎？雖然很想知道，但也沒辦法確認。我靜靜地闔上筆電。

正視自身的情感與欲望，絕非輕鬆愉快的事。有時會得到慘痛的結果，有時則被迫面臨人生重大的變革。我們這些性工作者並無法評斷任何人的人生，雖然有時也會忍不住想，究竟什麼才是正確答案。即便如此，我們今日依舊陪伴在面臨著各種狀況與問題的人們身旁。不是為了告訴她們何謂正解，而是一起思考面對。

我與富彌世在芮莉芙互相扶持，一切開始得心應手後，從網站上收到一封聯絡信。

那是日後加入的第三位小姐，玲所寄出的應徵郵件。

7 在東京一隅，一切仍持續運轉

「像妳這樣專職輔導的人士願意來應徵，我真的很高興。」聽到我如此表示後，她注視著我的雙眼，含蓄地低頭示意。我滿懷期待，等著聽她接下來的回答，並向她介紹自己。

這裡是新宿的某家咖啡廳三樓。為了進行面試，我請應徵者前來此處會面。出現在面試場所的這名女性，身穿米色襯衫與彈性布料西裝外套，下半身則搭配黑色窄裙，看來十分穩重。未染的黑髮長度及肩，臉上則略施脂粉。應徵時的年齡為40世代。我不動聲色地觀察她的指尖，指甲長度適中，也沒有汙垢。儀容整潔方面過關。我的視線再度落在手邊的履歷表上。

「謝謝妳在事前詳細寫下應徵動機。關於工作方面，請先讓我說明一下我們的店。要在我們這裡工作，必須具備各種條件。所以也要請妳在聽完後，判斷自己是不是真的想在我們這裡服務。」

我按照往例說明了在芮莉芙工作的基本概念。包括單憑這份工作無法賺進足夠的收入，以及需要提供與客人細心對話的服務。我接著問她，在這裡工作除了報酬以外，是否想得到其他收穫。

「妳有精神醫療社工執照，而且在專門機構擔任輔導員，如果是想選我們的店當副業的話，我想應該沒問題。不過，妳平常的工作也是要傾聽許多人的心事，為什麼會想來我們這裡服務呢？」

看到她的應徵履歷時，其實我略感意外。芮莉芙的確是全面主打對話型的應召服務，與需要綿密溝通技巧的職業在性質上有些相近。可是，我從未想過真的會有專業人士願意來應徵。再怎麼說這畢竟是特種行業，所需具備的技能並不只有對話能力而已。我認為學有專精的人反而會對我們這行敬而遠之。

她眨了好幾次眼後才慎重地開口。「我平常在地區的保健所工作，主要業務為一對一諮詢，以及協助需要進一步診療的人，為其轉介專門機構。我所負責的諮詢輔導範圍很廣，每天會遇到很多無法用課本學到的方式來處理的個案。來保健所的民眾不像前往醫院精神科就診的患者那樣具有病識感。需要透過外部機構積極介入的個案也不少。這些事情處理起來雖然很辛苦，但我還是對這份工作感到非常驕傲。」

她喘口氣後，慎重地將手貼放在胸口上，詳實又富含情感地向我表達自身的想法。我想這應該是她的專業表現之一吧。「這份工作讓我覺得有成就感，也當成一生的志業，不斷精進努力。不過，透過這份工作我發覺，像我們這樣的專責單位所遇到的大多是具有重大問題的人，也就是說，已經走投無路了才終於前來求助。但是，煩惱與問題其實從日常生活中便已開始冒出頭。這才讓我覺得只待在專責單位，是不是反而接觸不到尚處於輕症的人。」

我大大地點頭。最近讓我最有感觸的，莫過於芮莉芙的定位與意義。開設這家店時想達成的理念，正一點一滴地慢慢成形實現。對於還不至於到需要求助專門機構或相關協助單位，但心裡卻存在著疙瘩或感到混亂的人們，我希望芮莉芙能夠發揮功能成為一個可以輕鬆造訪的所在。正因為打著特種行業的招牌，前來利用服務的人不會抱持著過於嚴肅的心態，而能與人傾訴自身的問題並一起思考。要打造這樣的場所，必須維持色情業的型態，延攬具備高度應對能力的小姐。在我眼前的這名女性依然以手壓著胸口，筆直地注視著我。

「我想多接觸一些在日常生活中感到掙扎，內心存在著某些課題，卻還沒嚴重到需要上專門機構的人，所以才來應徵的。老實說，我沒有色情業的經驗，在技巧上或許不如正職小姐。不過，對於與人交流、傾聽這方面我有自信。我想自己應該能為貴公司主打的對話型應召服務帶來貢獻。」

她的回答中有某句話令我感到好奇，便挑明了問：「妳剛剛提到內心存在著某些課題的人，為什麼會想接觸這類型的人呢？」坐在我對面的她，第一次迅速地別開眼光，視線落在餐桌上。她輕輕咬著塗成淡粉紅的嘴唇。「那是因為……對不起，這樣或許不應該，因為我本身也感到自卑，所以才會那麼說。」

「對什麼感到自卑？」

她抬起臉來。「我今年41歲，還沒結婚。說來丟臉，一直以來我對戀愛這種私生活方面的事，具有強烈的自卑感。平常我以心理輔導專家的身分，協助當事人解決問題。自我肯定法也是我經常接觸到的主題之一，也會向當事人建議該怎麼做才好。可是，就只有對自己沒自信這點，無論如何我都改變不了。我以自己的工作為傲，也喜歡工作時的自己。不過，一想到自身的戀愛、容貌與年紀時，就會忍不住失去自信。試過各種方法也都不見好轉，所以才想，或許必須在不一樣的環境嘗試做不同的事才會見效。所以，我是為了改變自己才來應徵的。」

我靜待半晌後，毫不保留地詢問她：「在自身抱持著沉重煩惱的狀態下，有辦法面對客人的自卑或問題嗎？我認為有時候反而會讓自己更加混亂，妳覺得呢？」

我正視著她的臉孔。這樣或許會給人壓迫感，而且其實不應該這麼注視著人家。即便如此，我還是想聽聽她怎麼說。她承受著我的視線，定定地看著我。「我知道這很自相矛盾。但我從未想過要讓花錢上門的客人來幫助我面對這些。自己的煩惱我會想出方法因應的。將自身的問題與對方的問題切割來看，是我在工作上所培養出來的技能之一，不會將兩者混為一談。不過，我想將自己長久以來缺乏自信這件事的心路歷程，當成一項資訊提供給客人參考。我想為與我有同樣煩惱的人出一份力。」所以，拜託請給我這個機會，她懇切地低頭表示。我注視著她的舉止說道：「可是，來我們這裡後，可能會衍生出各種煩惱，這樣也沒關係嗎？」

她仍低著頭回答：「關於這點我已做好心理準備。我想透過這個工作賭賭看。」

「我明白了，妳被錄取了。」

她忙不迭地抬起頭。

「我很歡迎妳加入。當自己內心存在著某些課題時，要面對客人的狀況並不容易。不過，我想妳應該很瞭解該如何處理，而且我也真切感受到妳想助人的熱忱。妳並非只顧著自己，在工作上會將他人放在第一順位考量。我認為妳所具備的能力，對芮莉芙而言是不可或缺的。妳願意與我一起打造這家店嗎？」

她牢牢地反覆握住我所伸出的手。就這樣，店裡的第三位小姐，玲於焉誕生。

實際上，當玲正式加入、開始工作後，立刻證實了我的眼光是正確的。她並未在網頁上公開照片，所以與主打外型裝扮和世界觀的富彌世，以及身為經營者必須建立明確形象的我，屬於完全不同的路線。或許她並非乍見之下令人感到驚豔的類型，但漸漸獲得想跟大姊姊聊聊，以及想在沉穩的氣氛下談話的客人的支持。她的專業能力似乎也有所發揮，在自我肯定感方面有問題的客人，能將這裡當成可以安心與人傾訴的所在。她的起步或許不算特別精彩，但只要穩紮穩打持續耕耘下去，應該能成為我們店內的另一張王牌吧。

在第二次面談時，我將這些感想告訴她。地點就跟面試時一樣都在新宿的咖啡廳三樓。在午間時段充斥著交談聲的用餐空間，我以為她聽到那番話後應該會感到開心，沒想到她卻垂著頭。

「工作本身跟我想的一樣，非常有趣，而且我的專業能力也能派上用場。即便如此，有時候還是會感到難過……」

「為什麼？有什麼地方讓妳覺得困擾嗎？」

「我開始會在意自己沒被指名這件事……。妳也知道，我不是靠外型來宣傳，也不像妳們兩位那樣那麼會用推特。我知道自己沒辦法跟妳們比，而且也能預想到我不會是客人的第一選擇，但還是覺得難過。」

想從他人那裡獲得自己身為女性、身而為人的肯定並雀屏中選。這既是本店許多客人的願望與煩惱來源，也是小姐們無法置身事外的課題。大家都在同一個地方工作，就算不願意，還是會注意到自己與他人的差距。對自身的憤懣似乎一發不可收拾的玲說道：「如果客人願意找我的話，我可以提供各種服務，可是未被指名，就沒有展現能力的機會。這讓我覺得很不是滋味，我想自己可能也把這種想獲得客人依賴的寂寞心態帶進工作裡……」

「我認為，等待這件事對小姐而言是必須突破的心理障礙之一。這包括在服務過程中等待客人思考，以及等待客人造訪這兩種層面。希望妳能好好看看自己的表現並予以肯定，只要持續相信自己，我想妳一定能闖出一番成果的。」

玲聽完這番話後胸膛劇烈地上下起伏了好幾次。「Mitsu小姐，妳真的好強喔……」

「才沒有呢，這其實是我每天對自己的精神喊話。我也是因為有人願意等我、願意支持我，才能夠走到現在的。能察覺自身的怯弱是有助益的。做好今天能做的事，而且不斷累積成果，我想就是面對這種情況的解藥。我也是這樣，靠著這個方法走過來的。」

玲低著頭專注思考後，反覆點了好幾次頭。我們這些女郎就跟客人一樣，並非完人。有時會糾葛也會有煩惱，亦無確證可以驗明自己所做的事是對的。即便如此，除了思考自己目前能做的事並貫徹實踐以外別無他法。

玲如視珍寶般地捧著手上的咖啡杯說道：「我覺得自己很幸運，在Mitsu小姐的這家店工作後，證明自己真的沒有選錯。當初非常迷惘和煩惱，幸好有鼓起勇氣一試。有妳在這裡為大家提供這種服務，真的很好。」

我露出微笑，對玲表示我們一起努力吧。從店內窗戶望出去，外頭已籠罩在初夏的熱氣之下。就連被高樓大廈擋住的這個地方，也能從照射進來的些許陽光中感受到夏天的氣勢。週六午間時段，待在這個充滿假日悠閒氣息的店內，令人忍不住隨之放鬆。一轉眼，從被公司開除到現在已經過了兩年的時光。

玲突然停下手邊的動作一臉擔心地看著我。

「Mitsu小姐，怎麼了嗎？」

我搖搖頭，笑了笑，「沒有，沒怎樣喔，我沒事的。」

＊

出現在我眼前的，是一位隨時都必須括號加註「寂寞」的人。

當天，我與預約者彩香小姐約在池袋會合。已近夏季傍晚的16點左右，一名亮褐色髮絲隨風飄揚的女孩，在LUMINE池袋一樓手扶梯前現身。花裙與短袖白線衫的打扮也與事前聯絡的內容相符。應該就是她了吧。

我上前與忙著四下搜尋即將從我身邊走過的這名女孩搭話，她略顯驚訝後，露出既像是刺眼又好似懷念的表情。「今天請多多指教，謝謝妳已經指定好房間，往那邊走沒錯吧？」語畢，我站到她身旁並肩而行，她緊繃的嘴巴稍微放鬆了下來。

「今天很熱呢，很開心接到妳的預約。妳是怎麼找到我們的呢？」

「呃，就朋友從網路看到傳給我的。還有，有一陣子不是很流行在講蕾絲邊應召的漫畫嗎？作者好像叫永田Kabi吧。我是看這本書才知道的，Mitsu小姐妳知道這本漫畫嗎？」

我忍不住微笑，「我知道喔。」

「那本書非常有趣耶，雖然我跟作者的情況完全不一樣，卻覺得能夠理解她的心情……」

「嗯，比方說？」

她的視線看向腳邊。一路前進，熬成蜂蜜色的陽光不斷從大樓縫隙中揮灑而下，既絢爛又刺眼。柏油路面背光的部分則自成一格地形成冰冷的深灰色。

「……像妳們這樣的店，最常遇到哪種類型的客人呢？」

我想她這句話應該是想問，還有其他跟我一樣的人嗎？

我看著喧囂的街道表示：「有各式各樣的類型，不過內心覺得混亂，無法整理情緒，希望能找個人說說話的客人還挺多的。例如因為想改變自己，而下定決心來找我們之類的。」

總覺得走在我身旁的彩香小姐聽完這番話後，整個人頓時放鬆不少。可能是我的心理作用，感覺她也因此變得多話起來。「原來是這樣啊……我還以為沒有其他人像我這樣呢。」

我靜靜地搖搖頭。有人也跟妳一樣獨自承受著痛苦。謝謝妳們願意來找我。

進入賓館房間時，冷氣已經讓室內十分涼爽。或許因為坐落於愛情賓館林立地區的緣故，就算白天這個房間也照不到陽光，因走路而體溫上升的身體反而因為這樣感到通體舒暢。能擺脫暑熱清涼一下讓彩香小姐顯得很開心，我請她稍事休息，自己則立刻進行準備。以適中的水溫放洗澡水，將包包放在看得見的地方。這個房間沒有沙發，只有簡樸的桌子與面對面擺設的椅子而已。「可以坐妳旁邊聊聊嗎？」說著我便將椅子挪到她身旁。

我稍微靠著椅子，視線朝上地說道：

「這裡就夾在大樓與大樓的縫隙之間，感覺很涼爽又舒適呢。」

「噢，幸好妳不討厭這裡~我找了很久，不知道哪家賓館比較好，想說這裡看起來挺乾淨的，應該可以。」

「原來妳還特地花時間找啊。」

她輕輕地點頭，低聲說因為自己對這種地方不太熟。

「妳不常來這種地方嗎？」我問道，她則猶豫地表示：

「Mitsu 小姐，對不起。其實我不太有經驗。」

「別這樣，這種事不必道歉的。不過，妳很在意這點嗎？」

「總覺得，現在的自己，好像很丟臉。」我點頭鼓勵她說下去。我側耳傾聽著人在我身邊，卻彷彿孤身一人沉入遠方海岸的說話聲。

彩香小姐目前27歲，正確來說是我記得她在講自己的事情時，還說了「我已經27歲了。」這句話。27歲了卻沒談過真正的戀愛，也沒交過男朋友，就只有過幾次經驗而已。所以遇到像Mitsu小姐這種經驗豐富的人時，一方面覺得安心，另一方面又覺得心虛，她老實地向我表示。

「妳會覺得自己很丟臉？」

「好像又跟丟臉不太一樣。其實一直以來我覺得沒有男朋友倒也無所謂。國高中都讀女校的關係，所以沒有也很正常。大學雖然是男女合校，不過看看周遭的男孩子，覺得似乎也沒有心動的對象。」她輕搖著身體開朗地回答。

「原以為出社會後應該自然就會交到男朋友，但拖到現在一直沒有成功過。有幾次是感覺來了做了那檔事，但沒進一步成為男女朋友。我不想被當成炮友，所以就斷了往來。」我一臉認真地點頭後，她反倒笑了起來。

「啊哈哈，畢竟我不是美女又不活潑開朗，如果我是男人的話或許也看不上自己，所以也只能認了！」她的態度讓我察覺到一項特徵。愈是觸及問題核心，愈刻意裝開朗；當對方以平常心相待時，就愈自虐。

「原來彩香小姐是這樣看待自己的啊。」聽到我這麼說後，她不禁低垂著臉。由於雙手用力交握的緣故，花裙被壓出皺褶，整條裙子看起來歪歪斜斜的。

「……可能是自我肯定感很低吧。若能對自己有自信的話，或許會有什麼改變也說不定……但我從來沒成功過。所以才會覺得自己跟那本蕾絲邊應召的主角很相似。不過那個人好像有發展障礙方面的問題，跟父母親的關係也不好，而且也沒工作不是嗎？所以其實跟我一點都不像。」

「即便如此，妳還是覺得某些地方跟妳相似是吧？」

她的眼睛霎時浮現出從見面到現在未曾有過的色彩。「我覺得自己非常明白她的心情。像是寂寞的情緒，以及急著想有所改變的心態。我們明明差這麼多，為何會有同樣的心境呢？」

我稍微調整一下語氣後說道：「妳說自己跟那本漫畫的主角不同，那妳覺得哪些地方不一樣呢？」彩香小姐首度抬眼看著上方進行思考。

「嗯……我有在工作，也還算有朋友。還有，我跟父母親的關係良好，不像那本漫畫那樣，跟媽媽無法溝通。我跟我媽的感情反而算是很好。」

據她表示，從小就受到父母親仔細呵護，與母親的感情特別好，感覺就像是無話不談的朋友。出社會進入職場後，假日也經常一起吃飯或逛街購物。遇到困擾或有任何狀況時就會找母親商量，是她從小到大的習慣。

「所以在我們家並沒有溝通問題，也沒有被父母親忽視的情況。我覺得我媽很瞭解我。啊，可是我不想跟她講戀愛的事，而且我也沒有這方面的話題可以聊就是了。」

「莫非，從孩提時代，妳們家就將戀愛或性方面的事視為禁忌話題？」

「哇！妳怎麼知道？」

在芮莉芙的客人當中，很多人從小是在大人刻意迴避性知識議題的情況下長大的。忘了是在何時，我記得富彌世曾說過「Mitsu 姐，我覺得啊，世上的母親可能大多無法接受自己的女兒會逐漸性成熟這件事。所以才會對這個話題避而不談，永遠將女兒當成兒童看待。」

再仔細一問才得知，除了避談性議題外，彩香小姐的生活也受到嚴格的管控。除了不准她搬出來住以外，直到大學時代為止，還必須遵守19點的門禁。小時候買的漫畫或書籍經常會被翻閱確認，有些內容後續則會遭到父母親委婉地批判否定。雖然他們並未直接發出禁止令，但默默地表達出不以為然的態度。為了避免惹母親不開心，她也就自然而然地避開這些話題與內容。

「不過，我都已經這個年紀了，我爸媽或許也覺得疑惑難道我連個男朋友都沒有嗎？雖然現在他們沒說什麼，但搞不好接下來就會開始催我了。」我稍微偏著頭問道：

「妳本身是因為遇到什麼狀況才開始思考這些事嗎？」

話一出口，空氣彷彿瞬間凝結般，沉默驟然降臨。當她再度侃侃而談時，時間才跟著緩緩流動。

「……我現在的生活並沒有什麼不足的地方，只是覺得這樣的情況究竟要持續到何時呢。身邊的人都有交往對象，我的朋友們也一個個結婚。該怎麼說呢，我一直認真努力到現在，但感覺連最基本普通的人生都將我拒之門外。周遭的人不斷有所改變，只有我一成不變。所以看了那本漫畫後，真的很有感觸啊。」她塗著飽滿指甲油的雙手微微地顫動著。「都已經這個年紀了，我不覺得自己有辦法從頭開始談戀愛。可是又覺得應該做點什麼，所以才想，如果我也叫蕾絲邊應召的話，或許會有什麼改變也說不定。」

「相信妳一定是鼓足了勇氣才來找我的。」彩香小姐像個孩子般地點頭。「畢竟一直以來我都沒採取任何行動，一轉眼就到了這個年紀。我查了很多聯誼活動、交友軟體，結果還是一事無成。雖然很想穩定下來，但我也不知道自己是不是真的能喜歡上男人，男人是怎麼看我的也令我感到不安，就會覺得反正自己就是沒桃花，男人也看不上我。」彩香小姐突然快活地笑了出來，彷彿宣示，妳看，這種事我早就習以為常到不以為意了般。「上網多看一些資訊後，就完全不會產生想跟男人談戀愛或交往的念頭！像是用有色眼光看女人、瞧不起女人、自以為優越之類的。看到這些文章就會覺得我無法跟他們相處。」

「尤其是在社群網站，更容易產生這樣的印象。」

「沒錯，就是這樣！看到有些人很會做表面功夫，背地卻匿名大吐毒舌真心話，就會覺得男人就是這副德性。就算平常面對面說話也會立刻逞口舌之快想占上風，而且原本他們就不是真心想交談。」

她彷彿卸下重擔般地大口深呼吸，聲音堅硬又冷酷。「或許世上某處還是有正直誠懇的男人，可是這種人不會出現在我周圍。再說，這種人不是有女朋友不然就是結婚了。」像Mitsu小姐這樣的人或許不會懂的，語畢她轉過臉去。在她轉過臉的那一瞬間，我瞥見她的側臉，似乎因某種情緒而動搖並顯得膽怯。

我宛如喊話般正面朝向坐在我身旁椅子上的她說道：「抱歉讓妳覺得我不懂妳的心情。不過，今天妳可以盡情在這裡說出不愉快的回憶或無法對人啟齒的事，我會聽妳說的。」她迅速轉頭看向我。這次並沒有故作笑容。「對不起，說出傷妳的話。連我自己也已經搞不清楚到底想怎麼做。」

「這不怪妳。」我牽起彩香小姐的手。

這裡是所有人際關係之間的縫隙。我既非友人亦非情人更不是家人，只是他人，只不過是短暫有所交集的第三者罷了。所以在我面前無須偽裝自己，也不必做出完美的結論。一切維持在模糊不明的狀態即可，處於這樣的情境時，或許我們才能重返自己的原始狀態。時刻已屆傍晚，從賓館房間望出去的夏季天空正消融換裝準備迎向夜晚。

我邀彩香小姐前往浴室。當我向她表示今天儘管暢所欲言好好抱怨一番後，她在浴缸內滔滔不絕地向我分享許多事。沒辦法容忍那種事、這點很令人火大、把女人當成什麼啊，當她吐出黑壓壓沉澱在內心的各種不滿後，看得出來她的僵硬與緊張也隨之緩解。「能像這樣和別人互吐苦水真的很開心。」「像網路也是乍看之下很自由，但不想引戰的人其實意外地不敢發言，還有就是默默接受並放棄爭執的人其實還挺多。」當我從彩香小姐身後如此表示後，她圓圓的肩膀頓時放了下來。

「我可能是累了吧。原本覺得既然都特地叫蕾絲邊應召了，應該要學點什麼，做出改變，但現在已經不這麼想了。」

我伸手觸摸她的肩膀。「我覺得這樣也很好。彩香小姐可能只是需要暫時休息一下而已。」聽到我這麼說後，她往後一靠，將身體交給我。

「總覺得對妳很抱歉。」彩香小姐的身體微微地顫動著。

「咦，怎麼會這樣，一直抖個不停。」

「沒關係的喔。」我輕撫她溼濡的頭髮。

「對不起。」她將身體更加貼近我，彷彿藉此抓緊我般。或許從很久以前她便像這樣獨自一人瑟瑟發抖，卻佯裝沒事、一臉不在乎。而我只能展臂抱住這一切。

比起建議或經驗談，或許我們所需要的是願意接受自己的避風港。只要有一塊這樣的地方，應該就能再次展翅飛翔吧。儘管不知道該飛往何方，但只要有人願意給予真誠的擁抱，一定能獲得安慰，克服困難。

沐浴完後，兩人裹著床鋪上筆挺乾淨的床單，舒爽的觸感讓我們玩上好一陣子，彩香小姐像個孩子般天真無邪地說道：

「我真的太久沒做了，或許不會有感覺。」

「不必想求好或管別人怎麼看，只希望妳能專注在自身的感受上，好好享受就可以了。」

彩香小姐點頭回應，宛如黑鈕釦的眼瞳閃閃發亮。

「做了之後會有什麼改變嗎？」

「我認為當妳想改變時，一切就已經開始變化囉。」

我撫觸著靜靜閉上眼睛的這張臉龐。

從賓館出來後，夏夜已準備揭開序幕。在夕陽緊抓住肌膚不放的餘威下，汗水也一點一滴地冒出頭。走在我身旁的彩香小姐的表情，莫名顯得神采飛揚。相信在她心中的某些事已了結，接著會有新事物展開吧。她的視線正追逐著霓虹燈光前的某種景象。有時候會想，真想看看客人的未來變怎樣，不過實際上絕對不可能看得到就是了。

「今天能見到妳真的非常幸運。」她情緒高昂地表示。

內心想說的話其實堆積如山，但還無法化為言語表達，總之今天就先道別吧。

「我也要謝謝妳。」

「再見。」她輕盈地轉身，消失在池袋的地下街。

終章

當我說完所有的故事後，Yuko小姐一言不發，一動也不動。這裡是愛情賓館內的某個小房間，我們兩人並肩坐在床上時，甚至快令人忘記時間的流逝。在微暗的室內我突然想起今日行程的剩餘時間。Yuko小姐則定定地看著自己的雙手。「我也能像那些人那樣，有些什麼改變嗎？」

「我覺得不必認為一定得在今天做出什麼改變。」

「嗯，可是我想往前跨出一步。」

我輕觸Yuko小姐的肩膀。「我也想聽妳的故事，如果妳願意分享的話。」

我側耳傾聽著Yuko小姐還無法表達得很完整的個人故事。

我今天依舊努力打開藏在客人心中的故事，並詳加解讀。這些故事並沒有璀璨耀眼的情節，有時冷硬，有時扭曲，有時在某處便被切斷。每個故事無非都是每位女性的人生，無論是形狀抑或型態還是結局皆各不相同。人生路上沒有所謂的正確答案與標準，但我仍願相信應該能在某個地方找到出路。只要能夠暫時放下所有的擔子，讓自己好好休息的話，應該就能再邁開步伐走下去吧。只要還有意願再多看一下自身故事的發展，一定就能迎向明日。

*

行文至此，這個故事也即將進入尾聲了。如今我仍舊是網路應召站經營者兼性工作者，每天過著沒有預約時就忙著打工的生活。換句話說就是勉強維持著生計，與生活穩定還有一大段距離，但狀況已有所改善，慢慢地變好。後續店內又有生力軍加入，以經營者的身分獲得媒體採訪的機會也變多了。在這個沒有職涯發展路徑的經營型態下，我也不知道今後會變得如何，但我會盡己所能地堅持下去。

富彌世依舊主打獨特的世界觀，提供身為女郎的服務，死忠粉絲也逐漸變多。畢竟還是學生身分，我也不清楚今後她有何打算，而她本人則是每天秉持著敬業精神做好分內事。

玲在經歷了許多波折後，待滿一年便離職。這是她深思熟慮、再三煩惱後所做出的結論。雖然無法長久共事，但她無疑是扶持本店草創期的重要人物之一。

超人氣蕾絲邊應召女郎奈之葉小姐，至今依然穩居業界的第一把交椅。最近甚至會在電視節目看見她的身影，看來她的名氣已經在其他業界逐漸傳開了。久住還是那副調調地經營著初蕾絲。前一陣子聯絡時，他還說「妳來傳授一下我們家小姐受歡迎的的祕訣。」但不知他是不是認真的。

櫻井也跟以往一樣，在公司工作當上班族。大家似乎都充滿活力地奮鬥著。本書故事的登場人物，也就是或許已無緣再相見的客人們，相信一定也是努力地過著每一天。

問我今後會如何？其實我也不知道。

或許會發生什麼不得了的事，或許也會跟以往一樣遇到許多棘手難處理的狀況吧。即便如此，我也必須往前走下去，就像客人來找我們後所展現的積極態度那樣。所以今天我依舊在店裡努力工作。故事的結局，不到最後的最後無從知曉。我認為這既代表不穩定，卻也充滿了各種可能性。

書衣繪圖　雪下まゆ
封面照片　Rimi Watanabe

橘みつ（Tachibana Mitsu）

1993年生。對話型蕾絲邊應召「Relieve」經營者兼性工作者。國際基督教大學畢業，主修性別及性取向研究。2016年4月應屆畢業進入創投公司服務，但三個月後遭公司以健康狀況為由予以解僱。之後輾轉在銀座高級俱樂部、百貨公司賣場、商務飯店櫃台等地打工，17年5月加入池袋的蕾絲邊應召站，指名率、時間延長率皆飛快竄升，居全店之冠。18年2月自立門戶，成立「Relieve」。

作者經紀公司＝The Appleseed Agency
文章架構＝遠山怜（The Appleseed Agency）

國家圖書館出版品預行編目（CIP）資料

走過迷失人生方向的日子，我開始做蕾絲邊應召 / 橘みつ著；陳姵君譯 . -- 初版 . -- 臺北市：臺灣東販股份有限公司，2021.05
184 面；14.7×21 公分
譯自：レズ風俗で働くわたしが、他人の人生に本気でぶつかってきた話
ISBN 978-986-511-771-9（平裝）

1. 特種營業 2. 同性戀

544.75　　110005155

走過迷失人生方向的日子，我開始做蕾絲邊應召

2021年5月1日初版第一刷發行

作　　者　橘みつ
譯　　者　陳姵君
編　　輯　曾羽辰
美術編輯　黃瀞瑢
發 行 人　南部裕
發 行 所　台灣東販股份有限公司
＜地址＞台北市南京東路4段130號2F-1
＜電話＞（02）2577-8878
＜傳真＞（02）2577-8896
＜網址＞http://www.tohan.com.tw
郵撥帳號　1405049-4
法律顧問　蕭雄淋律師
總 經 銷　聯合發行股份有限公司
＜電話＞（02）2917-8022